侨界杰出人物故事丛书

何香凝的故事

刘松弢◎编著

中国华侨出版社
·北京·

图书在版编目（CIP）数据

何香凝的故事 / 刘松弢编著. — 北京：中国华侨出版社，2020.8
ISBN 978-7-5113-8067-8

Ⅰ.①何…　Ⅱ.①刘…　Ⅲ.①何香凝（1878-1972）—传记
Ⅳ.①K827=7

中国版本图书馆CIP数据核字（2019）第 239077 号

何香凝的故事

编　　著：刘松弢

责任编辑：王　委

封面设计：何洁薇

经　　销：新华书店

开　　本：710毫米×1000毫米　　1/16　　印张：12.75　　字数：167 千字

印　　刷：三河市华东印刷有限公司

版　　次：2020 年 8 月第 1 版

印　　次：2023 年 7 月第 2 次印刷

书　　号：ISBN 978-7-5113-8067-8

定　　价：52.00元

中国华侨出版社　　北京市朝阳区西坝河东里77号楼底商5号　　邮编：100028

发 行 部：（010）64443051　　传　真：（010）64439708

网　　址：www.oveaschin.com　　E-mail：oveaschin@sina.com

如发现印装质量问题，影响阅读，请与印刷厂联系调换。

前　言

　　何香凝是中国杰出革命家、华侨领袖、妇女运动先驱、书画家。她是中国现代女性的杰出代表之一。何香凝一生经历了资产阶级民主革命、新民主主义革命、社会主义革命，参与了同盟会创建、辛亥革命、护法运动、国民大革命、抗日战争、新中国建立等一系列重大历史事件，见证了中华民族从近代民族危亡中奋起拼搏，最终走向民族复兴的伟大历史进程。在这个艰难而曲折的过程中，何香凝逐步成长进步，从富家的千金小姐成为爱国领袖。中国近现代历史的大背景折射在何香凝身上，浓缩了中国人民追求民族解放、实现国家独立、致力经济富强的理想与信念。何香凝先生晚年是幸福的，她见证了自己追求民族解放、实现国家独立的理想变为现实。何香凝先生辞世已近半个世纪，在她身后中国经历了改革开放的伟大变革，中国共产党人和中国人民以一往无前的进取精神与波澜壮阔的创新实践，谱写了中华民族自强不息、顽强奋进的壮丽史诗。中国人民的面貌、社会主义中国的面貌、中国共产党的面貌发生了深刻的历史性变化，中国人民用勤劳和智慧创造了一个个奇迹，书写了一个个传奇，中国正在实现经济富强的新征程。

今天重读何香凝先生的故事，回顾和缅怀她一生的理想和追求，就是从历史中汲取前辈的精神营养，把握历史发展大势。何香凝，1878年出生于一个香港富商之家，1897年与廖仲恺结婚。1902年赴日本留学。1905年加入同盟会，成为最早的女会员。1916年随孙中山、廖仲恺回国，积极为革命奔走。1924年参加改组国民党的"一大"，任国民党中央妇女部部长。1925年，孙中山逝世，何香凝见证了中山先生遗嘱。此后她坚持孙中山联俄、联共和扶助农工的三大政策。1927年，以蒋介石为首的国民党右派大肆反共后，何香凝愤然与之决裂，一度旅居国外。九一八事变后，她回国参与团结抗日。1937年上海失陷后移居香港。1942年年初，香港沦陷，避居广西乡村，始终坚持抗日，反对投降。抗战胜利后，她反对蒋介石的独裁统治，于1948年年初在香港参加组建中国国民党革命委员会（简称民革）。1949年赴北京参加新政协。中华人民共和国成立后，何香凝被任命为华侨事务委员会主任委员，承担起协助中共中央、国务院研究制定侨务工作方针，保护华侨的正当权利和利益，做好为华侨服务的重任，她还历任全国政协副主席、民革中央主席、人大常委会副委员长、中国美术家协会主席、全国妇联名誉主席等职。1972年何香凝去世，享年94岁。何香凝一生坚持孙中山的三大政策，真诚地同中国共产党合作；她发动妇女参加革命，为国内革命战争、抗日战争作出了卓越贡献；她还把艺术创作与革命活动紧密联系，她的作品中充满斗争激情、浩然正气。

了解何香凝的生平事迹，是要学习她不畏艰难、坚持真理、勇于斗争的爱国精神；学习她坚决接受中国共产党的领导，坚持走中国社会主义发展道路的非凡远见；学习她高举孙中山旗帜、继承和发扬孙中山精神的品德操守；学习她报效国家、无私奉献的高尚情操。何香凝始终追随孙中山先生的革命理想，正因为她孜孜以求的坚定信念，在历史转折的关键时刻，何香凝正确选择了拥护中国共产党的领导。这是历史自觉和爱国情怀的必然结果，体现了中国革命的必然道路。何香凝身上所表现出的先进中国人的初心和使命，及其不屈不挠、可歌可泣的斗争精神，是改变中华民族前途命运的根本动力。

当今世界正处于百年未有之大变局，21世纪新变局的大趋势已经显现，世界力量对比正在发生巨大的变化。何香凝大声呼唤的"睡狮"已经真正地"梦醒"，中国以巨人的步伐踏进世界舞台中央。不管新的时代风云如何变幻，但中国人追求民族复兴的理想没有变。站在新的历史起点上，需要我们总结百年来中国奋斗的经验，继承前辈的初心和使命，树立道路自信坚定历史选择，树立理论自信坚定思想基础，树立制度自信坚定中国方案，树立文化自信坚定中华文化，实现中华民族的伟大复兴。

对何香凝先生最好的纪念，就是学习和继承她的宝贵精神，为她梦寐以求的振兴中华而继续奋斗。阅读何香凝的故事，欣赏何香凝的艺术，缅怀何香凝的精神，真正的意义在于聚焦今日，面向未来，追求和实现我们对美好生活的向往。

目 录

第一章

从何家九小姐
到双清楼主

清光绪四年五月二十七日（1878 年 6 月 27 日 [①]），何香凝出生在香港东街 21 号的一个商人家庭。父亲何炳桓，又名何载，家中共娶六房（一妻五妾），何香凝为侧室陈二所生。何香凝是陈氏的第五个孩子，和她同母所生的还有一兄、一弟、三个姐姐，加上同父异母兄弟姐妹共十二人，其中兄弟三人，姊妹九人，何香凝排行第九，人称九小姐。直至何香凝的晚年，还有亲戚习惯称其为"九姑婆"。

父亲何炳桓出身于一个破落商人家庭，祖居广州西郊的棉村，后因经商全家迁至佛山，起初家境较好，但随着西方列强势力的入侵，近代化程度日益加深，广州地区的自然经济逐渐解体、传统商业萧条，何家生意入不敷出，日益窘困，濒临破产。为了摆脱困境，年轻的何炳桓只身来到香港闯荡。何炳桓聪明能干、机智灵活、具有魄力，希望能重振家业，改变自己的生活。初到香港时他在一家药铺做伙计，赚了些钱便开了一家小杂货店。不久，他看到买卖中药材有利可图，又经营一家中药铺，积累下第一桶金后，生意快速发展，不久便创办了香港第一家经营红茶出口生意的祥安茶叶庄，随后又开了一家丝绸店，何炳桓逐渐成为一位富有的出口商。此外，他还涉足地产领域，发展成为拥有百万资产的地产商。何香凝出生时，何炳桓已在香港开设了多家大商场，拥有众多房产，其中大都集中在繁华的上环荷李活道地区，何家公馆也坐落于此。

何香凝的母亲陈氏，名叫陈二，家境贫苦，自幼便出来做工，是一名"住年妹"（广东人对为人做佣工的家庭女工之俗称）。陈氏长得漂亮，人又聪明，性格温厚善良，做事勤快利落，是位很讨人喜欢的姑娘。陈二由

---

① 一说生于 1880 年。参见陈姗编著：《何香凝年谱》，广西人民出版社 2016 年版，第 2 页。

于经常到何炳桓的店铺为雇主购买日用杂品，逐渐熟识，后来成为何炳桓的侧室夫人。何香凝虽出生在香港这样一个富裕的商人家庭，从小生活无忧，但与一般的富家小姐又有几分不同。

1
大脚小姐

　　清末的香港虽然已经被英国强占为殖民地，但当地的社会风俗仍较为传统，妇女缠足的封建陋习依然盛行，几乎所有的汉族女子都要裹小脚，特别是上层社会的富家小姐。香港虽然和海外往来最早，领风气之先，但缠足的陋习仍然顽固地保存着。

　　妇女缠足是中国古代封建社会的一种陋习，始于北宋末年，兴盛于明朝。清军入主中原后，清朝统治者极力反对汉人的妇女缠足风俗，一再下令禁止女子缠足。但民间百姓依旧令行不止，后来不得已只能撤销取消缠足的禁令。当时民间的百姓受到缠足陋习的影响极深，不缠足的女子往往会受到社会的歧视。何香凝的生母陈氏便有因为"大脚"受歧视的惨痛经历。陈氏出身于贫苦的劳动家庭，是何炳桓店铺附近一户人家的丫头，是位"大脚"姑娘，因为经常去何炳桓店铺买东西，两人渐渐熟识产生了感情。可是，广东南海的何家父母嫌弃陈二是个"大脚"丫头，不够"贵气"，父母就另外为他说了一门亲，是位"小脚"姑娘，何炳桓也只能顺从父母的意愿娶其为妻，而陈氏即使与何炳桓相识已久，先入何家，又曾共度寒微，感情深厚，却也只能委身为妾，居于侧室。何香凝的母亲因未缠足，对"大脚"受歧视有着切身之痛，不愿女儿重蹈覆辙，因此何香凝五六岁时，她的母亲就开始为她缠足。缠足是个很痛苦的事情，强行用长长的白布条把脚一层又一层地紧紧裹缠住，再用针线密密地缝紧，以使脚不能生长。然而何香凝生性倔强，不愿忍受这样的痛苦，她白天又哭又闹，泪水涟涟，晚上悄悄地起床，偷偷地用剪刀把缝裹的缠足布剪开扔掉。她的母亲发现后便是一番斥责和打骂，继之再次给她缠足，甚至为了给何香凝缠足，把全家剪刀都藏起来。可是何香凝也不罢休，她不顾母亲的打骂，偷偷贿赂小丫鬟代买一把剪刀，藏在祖先祭坛的大香炉下，只要有机会就偷偷地剪去缠足布。就这样，何香凝的母亲坚持要其缠足，一次次打骂后再缠起，她顽强地反抗，一次次偷偷又剪开，彼此都不退让，事情越闹越僵，最终惊动了父亲，何炳桓看她反抗得激烈，心疼女儿，无奈地叹一口气，由她去了。母亲也只好勉强答应不再为她缠足了。就这样，何家的九小姐，长成了一双富家小姐中少见的"天足"。也正是这双"天足"成就了何香凝的连理之好。

2
情定天足

在何府优渥的环境中，何香凝度过了青少年时代，转眼间已出落成温婉秀丽的大姑娘。她的父母也开始留心何香凝的终身大事，但是因为何香凝的一双"大脚"，婚事还是费了一番周折。在清末，缠足是评价汉族女子素质和修养的标准之一，更是择偶的基本要求。特别是社会地位较高的汉族家庭中，很少有女子能逃脱缠足的命运。著名女革命家，有"鉴湖女侠"之称的秋瑾，也是自幼被迫缠足，在十几岁时接触到现代文化教育后才自行放足，但缠足的形态已经基本形成。秋瑾在放足后，常戴着鸭舌帽，身穿男装或西装，脚着茶色皮鞋。当时在北京师范大学任教的日本籍教习服部宇之吉博士的妻子服部繁子问她为什么这样做，秋瑾说："我想变成比男子还强的人，所以就首先从外表上开始。"可见缠足在当时社会文化中的根深蒂固。当何香凝的父母因为她的"天足"正为其婚事发愁时，何香凝一生的伴侣——廖仲恺出现了。

廖仲恺，名恩煦，字仲恺，1877 年 4 月出生于美国加利福尼亚州的旧金山，先祖是福建客家人。祖父廖景昌道光年间从福建省迁至广东归善，后到香港经商。娶妻梁氏，生两子，长子廖竹宾，次子廖维杰。廖竹宾就是廖仲恺的父亲。廖竹宾毕业于香港圣保罗书院，原在香港汇丰银行工作，后被调往美国旧金山协助处理汇丰银行在美国的商务，于是举家迁往美国。廖竹宾育有三子一女，长子廖恩焘，次子廖仲恺，还有一个遗腹子廖恩勋。廖仲恺的叔父廖维杰，也接受过良好的中英双语教育，进入洋务机构工作，曾任香港招商局总办、电报局总办等职。廖家当时是海外华侨的佼佼者，是清末少数走出国门、接触近代工业文明的华侨精英，故廖家有"通晓洋务，得风气之先"的说法。青少年时的廖仲恺，在美国旧金山接受了近代西方教育，并被父亲送进私塾学习中文，同时掌握了汉语和英语的基础知识。

廖仲恺六七岁时母亲梁氏去世。父亲廖竹宾再娶后又生一女，然而好景不长，1894 年廖竹宾病故。哥哥廖恩焘已于 1879 年回国参加科举考试。数年后廖恩焘进入外交部门工作，历任清政府、民国政府的外交官，曾派驻古巴、朝鲜、日本等国。父亲的去世，使在美国的廖仲恺一家人失去了依靠。于是，廖仲恺 16 岁时结束了异国的侨居生活，陪同患病的继母和胞妹廖静仪护送着父亲的灵柩回到祖国，在广东归善鸭仔埗乡叔父家中暂居。回国后第二年，廖仲恺同父异母的弟弟廖恩勋出生，几个月后继母不幸病逝。廖仲恺在叔父廖维杰的资助下，先在家乡"入大馆"读私塾，后赴香港转攻西学，进入英国殖民当局所办的皇仁书院读书。皇仁书院前身是创立于 1862 年的中央书院，是香港最早的官立中学。校舍坐落于中环，学生来自世界各地，既研究中国经典，又教授算术、文法及常识等科目。正是在香港求学这段时间，廖仲恺与何香凝喜结良缘。

廖仲恺成长在美国，父亲又是供职于银行的高级职员，家庭的经济状况很好。但在美国的生活过程中，廖家人亲身感受到华人在美国遭受的歧视与欺凌。父亲廖竹宾是位典型的客家人，常常教育子女要爱国，要学习祖国文化，不要忘记自己的根在中国。廖家父子的旅美经历也使他们认识到封建旧文化中的愚昧和糟粕，所以父亲廖竹宾曾留下遗嘱："儿子必须讨个大脚妇女做媳妇。"

清末，即使是在英国殖民统治下的香港，汉族妇女几乎都裹着小脚，尤其是在上层社会里，很难找到不缠足的大家闺秀。一边是遵照父亲遗嘱苦苦寻找"大脚夫人"的廖仲恺；一边是为女儿脚大难找婆家而忧心忡忡的何家，这两人成婚可谓"天作之合"。何香凝的儿子廖承志在《我的母亲和她的画》一书中非常风趣地说："外祖父恰恰听到有人到处敲锣打鼓似地宣扬要讨一个没有裹过脚的人做媳妇，那可不正好！于是他俩没有经过繁多的手续，顺利地结了婚。"

3

双清楼主

1897 年 10 月底，廖仲恺、何香凝在广州结婚。结婚前，何香凝对廖仲恺并没有太多了解。她惴惴不安地走进了这个陌生的家庭，观察着和自己素不相识的丈夫。起初她对身材矮小的廖仲恺并不十分满意，但是，她很快就发现目光炯炯的"陌生丈夫"有学问、有理想、有头脑，好学的何香凝得到了丈夫廖仲恺的教育和指点，谈天说地、研读诗文，这大大地开拓了她的眼界，两人逐渐产生了感情，彼此敬爱，彼此欣赏，成为一对美满的夫妻伴侣。何香凝在后来曾回忆说，她是"先结婚、后恋爱"。

何香凝自幼家庭经济优裕，爱好读书，但受传统家庭教育的限制，对社会接触很少，婚后得到了丈夫廖仲恺的指导，开始了一种崭新的生活，除了专心照料丈夫的生活起居，在学习上有了很大的进步。廖仲恺本身是个好学的人，主动鼓励和指点何香凝读书，一偿她的求知之愿。何香凝理想高远，不在意物质追求，不贪图享乐，这又成了帮助丈夫廖仲恺事业发展的动力。廖仲恺读书作诗之余，也爱好绘画，常到画家伍乙庄处学习，并鼓励何香凝一同学画，从而促成了何香凝日后绘画艺术的成就。随着知识的增长，何香凝开阔了视野，萌发出近代民族意识和国家观念，这为日后夫妻共同走上革命之路奠定了基础。

结婚时，廖仲恺寄居在叔父家中，婚后不久，夫妻二人搬到廖仲恺的哥哥廖恩焘家中。廖恩焘家在珠江南岸三官庙附近，即今广州市南华西街龙溪新街 42 号。房子不很大,是一幢米黄色砖木结构的两层楼房,总面积大约 200 平方米。一家人住在一起,初时,廖仲恺、何香凝这对新婚夫妇住在楼下客厅后面的房间里,后来为了减少干扰和避开侄儿侄女们的喧闹,他们就搬到在楼顶晒台上搭建的小屋里。这里高处独居,完全不受楼下侄儿侄女们嬉笑打闹的干扰。

这间矮小简陋的"斗室",成为廖仲恺、何香凝夫妇相伴随行的开始。在小楼寄居的日子里,他们白天研读诗文、谈论时事,夜晚一起观赏清净明澈的月色;尤其每逢月圆时,皓月当空,清光洒进斗室,更使人感到特别清新和欢悦。一次,时逢中秋佳节,皎洁的月色给他们的斗室洒下了一片清辉,很让人有"人月双清"之感。何香凝触景生情,写下了"愿年年此夜,人月双清"的诗句。他们自得其乐,为了纪念这份清静惬意的美好生活,二人特将这间楼顶小屋命名为"双清楼",取的是"人月双清"的意思。在这块小天地里,他们夫妻感情十分融洽,几乎成天厮守在一起,鲽鲽鹣鹣,情好甚笃,生活过得很甜蜜并富有意义。他们在"双清楼"共同居住了四五年之久,直到 1903 年去日本。

这段婚后生活,给这对夫妇留下了难忘的美好记忆,令他们念念不忘。此后几十年,居处虽然多次搬迁,他们都把自己的家叫作"双清楼";何香凝绘画常以"双清楼主"自署,丈夫廖仲恺自题诗词集为《双清词草》。"双清"名号,也成了廖仲恺、何香凝这对革命伴侣的传家之宝。不仅如此,后辈对这个室名也视为"家宝",极为珍视。他们的儿子廖承志作的诗就曾以"双清楼后人"署名,并坚定地表示:"两代鬼雄魄,长久护两清。"① 这体现了一家人对"人月双清"的追求。他们的孙子廖淳说，可以用"谦卑、忍让、奉献、牺牲"来阐释爷爷廖仲恺和奶奶何香凝为了纪念婚后的这段幸福生活，以后数十年居处虽然屡迁，华陋不一，这个室名却始终未改的原因。

---

① 参见《廖承志文集》下卷，人民出版社 1990 年版，第 800、804 页。

第二章

从携手东洋求学
到并肩革命之路

　　双清楼上，廖仲恺、何香凝夫妇新婚的幸福时光，恰逢19世纪末中国山河破碎、生灵涂炭、中华民族危机日益严重的历史时代。1989年，面对西方列强的瓜分狂潮，以康有为、梁启超为代表的维新运动风起云涌，维新之风由北京、上海吹到广东、湖南以及香港等地。1900年，八国联军侵华，次年丧权辱国的《辛丑条约》签订，中国彻底沦为半殖民地半封建社会。

　　廖仲恺、何香凝夫妇都有着追求进步的强烈愿望。廖仲恺童年经历了美国的排华风潮，目睹了侨居海外的中国人备受欺凌、遭受迫害的悲惨遭遇，从小就萌发了对帝国主义的憎恨和对祖国前途的关心之情。回国后，他放弃旧学，追求新学，早在1896年香港皇仁书院求学时，在勤奋地攻读英语等功课的同时，经常阅读富国强兵的新学书籍。何香凝少年时就富有反抗封建束缚的顽强精神，她爱好读书，厌弃家庭中不主张女孩子读书的封建旧习俗，冲破重重阻力，争取读书识字，接触到一些资产阶级维新派宣传的妇女解放等新知识。廖仲恺、何香凝夫妇因家庭关系，冲破了旧制度的藩篱，以平等相待、互相尊重的态度，显露出新的风格和面貌，开启了他们由夫妇发展为同志、战友的革命之路。

1
志赴东洋

《辛丑条约》签订后，清政府被迫开始推行新政，进行改革。教育领域的改革最先推行。在创办新式学堂的同时，国家鼓励出国留学。清政府一方面公费选派学生出国，另一方面鼓励自费留学，学成回国的留学生通过考核后可给予一定的出身，并授予一定的官职，从而促发了晚清出国留学的高潮，其中尤以赴日学习深造者人数最多。20 世纪初，东京成为海外留学生的聚集地，清末去日本的留学生最多。留学生们在日本创办刊物，其中《开智录》《译书汇编》《国民报》《湖北学生界》《江苏》《游学译编》等较有影响，拥有大批留学生读者。通过发行刊物，留学生介绍、翻译西方社科书籍，宣传自由、民主思想，批判专制制度，对清末新政和辛亥革命产生了深远影响。在时代的趋向和潮流的推动下，廖仲恺有了去日本留学的想法。何香凝在丈夫廖仲恺的影响下，不仅热烈拥护廖仲恺的想法，并且也引起了她对日本的向往，从而决定随同丈夫一同走上舍家留学的道路。

廖仲恺、何香凝夫妇为了实现留学计划，颇费了一番周折。由于不具备申请公费留学的条件，他们只能自费留学，筹集留学费用就成为最大的难题。何香凝曾回忆："仲恺的亲兄懂得些英文，当上了清政府的外交官员，但是他不答应给仲恺到日本留学的学费……(廖仲恺) 哥哥亲戚虽然都在官场中纸迷金醉，可是没有一个人肯帮助他。"廖家亲戚生活虽然很阔绰，但都不肯资助留学的费用，为此丈夫廖仲恺常常唉声叹气。

何香凝为了支持丈夫廖仲恺的理想，做出了一个时人很难理解的决定：变卖嫁妆筹集赴日费用！在封建社会，女子的嫁妆是具有特殊意义的个人财产。作为已婚女子的婚后物质保障，女子嫁妆很少用于自身以外的消费，史书中甚至将嫁妆用于夫家的行为，视为贤德之举。何香凝变卖嫁妆筹款遭到了娘家和丈夫廖仲恺嫂嫂的坚决反对。他们认为这样做会遭到人们的耻笑。特别是何香凝的母亲更是极为反对，思想保守的母亲不能理解女儿的行为。这些嫁妆是何香凝的母亲精心为女儿置办的，在何香凝的母亲看来，这些嫁妆就是母亲对女儿的心血与关爱，现在何香凝居然要将其变卖，其中的不解和恼怒可想而知。但何香凝为了成就廖仲恺的理想不惜任何牺牲，家人的反对丝毫没有动摇她的决心。她耐心地与母亲和亲属们解释，何香凝的坚定决心最终改变了两家人的态度，转而支持他们的留学计划，不仅何家资助了留学的大部分费用，还获得了丈夫廖仲恺的叔父廖维杰、胞兄廖恩焘的帮助，除在经济上支持外，还通过他们的联络，廖仲恺赴日获得了在东京清公使馆工作的马廷亮的担保。于是 1903 年 1 月，廖仲恺率先东渡日本，3 月何香凝也抵达东京，这一年何香凝 24 岁。

2

夫唱妇随

1903 年 1 月，廖仲恺到达东京后，先进入语言学校补习日语，大约一年后进入早稻田大学学习。两个月后，廖仲恺的哥哥廖恩焘被清政府任命为驻古巴领事，取道日本去上任，何香凝随其同船赴日。到达日本后，何香凝同样先进入一家语言学校补习日语，不久进入东京目白女子大学，由校长成濑寅藏介绍，转到学校宿舍寄宿，跟随舍监及其夫人学习日语，随后进入东京女子师范学校预科学习。何香凝的赴日留学在她的人生道路上具有重大的意义。她和丈夫廖仲恺志同道合，怀抱着拯救祖国的宏愿去日本，企盼能够学习到先进的知识，探索振兴中华的道路，这是何香凝走上革命道路的第一步，也是关键性的一步。以此为起点，廖仲恺、何香凝夫妇一起开始了探索革命道路的奋斗历程。

廖仲恺、何香凝夫妇在东京早稻田大学附近租了一间房子居住，这所公寓名曰"觉庐"，建筑颇为精美，有园林之胜，同寓所居住的还有广东籍留学生关乾甫、萧友梅等人。关乾甫，同盟会员，后来曾任广州仲恺农工学校教师。萧友梅，音乐家，同盟会员，曾在南京临时大总统府秘书处工作；襄助蔡元培创建了我国第一所专门音乐教育机构——北京大学音乐传习所，以及我国第一个高等音乐学府——上海国立音乐院，并长期担任院长，是我国近代音乐教育、创作和理论研究的先驱者、开拓者和奠基者。当时，他们与留学生黎仲实①、冯自由、卢少歧等都过从甚密。在这些漂洋过海到日本留学的学生中，女学生屈指可数，总数还不足十人。

此时正值清末赴日留学高潮，当时留学生中，日本留学生占总人数的90%以上，人数从3000人激增至8000人以上。留日学生们思想活跃，爱国热情高涨，创办了大量的刊物，还组建各种具有爱国性质的留学生团体。1900年，第一个爱国团体"励志会"在东京成立。此后，又陆续成立"广东独立协会""浙江同乡会""江苏同乡会"等团体。其中影响最大的是邹容的《革命军》与陈天华的《猛回头》《警世钟》，爱国的革命思想通过刊物和留学组织，得到了迅速传播。1903年，广西巡抚王之春将全省的路权、矿权出卖给法国，引发了日本留学生掀起"拒俄""拒法"运动和广西人民的"拒法""驱逐王之春"运动，清政府最终在舆论压力之下将王之春免职。同年，全国发生大规模的"收回利权"运动。因1902年签订的中俄《东三省交收条约》，俄国应该在1903年4月从金州、牛庄等地撤出军队，结果俄国非但没有撤军，反而在4月18日向清政府提出七条新要求，力图使东北成为其独占势力范围。为此留日学生发起行动，并与国内遥相呼应，最终迫使清政府未满足俄国的侵略要求。

何香凝在时代潮流的激荡下，被留学生们的爱国气氛所感染，又先后

---

① 黎仲实（1866—1919年），名勇锡，字仲实，广东肇庆端州下瑶村人。1902年留学日本，随孙中山从事革命活动，是中国同盟会首批会员、国民党元老，早年追随孙中山先生推翻满清帝制、创建民主共和。1902年，廖仲恺与何香凝就是经黎仲实介绍结识了孙中山先生，从此走上了革命道路。1905年，何香凝又经孙中山、黎仲实介绍加入同盟会。黎仲实于1907年负责于镇南关起义准备军械弹药粮饷，1908年至1910年起义于钦州，1911年为黄冈起义负责购买军火，辛亥革命后常奔走于越南、泰国、日本各国间，历经艰辛，勋劳卓著。1919年10月病逝于上海。

结识了一些具有先进思想的留日青年，如赵声、胡汉民①、朱执信、苏曼殊②等，进一步提高了挽救民族危难的爱国思想，因而在学习之余，经常满腔热情地随同丈夫廖仲恺参加中国留学生的一些爱国活动和集会，汲取新知识、新思想。他们一起参加了 4 月 29 日在东京锦辉馆举行的留学生集会和广东籍留学生的拒俄集会。此外还积极支持拒俄爱国运动，虽然没有参加"拒俄义勇队"，却在经济不甚宽裕的情况下，捐款支援"军国民教育会"，何香凝捐献了 3 元，廖仲恺捐献了 5 元。

在高涨的爱国气氛的熏陶下，何香凝的革命思想一日千里，逐渐形成了自己的思想意识和爱国理想。不久，何香凝的处女作 700 字的短文《敬告我同胞姊妹》在进步杂志《江苏》上发表。文中何香凝提出自己对妇女运动的思考和抱负，表达了忧国忧民的思想，并号召妇女共同与旧社会抗争，为女性争取平等的社会地位。何香凝分析了中国女人的实际处境和女人能发挥的重大作用，以及为了推动社会进步女人应该担负的"匹夫之责"，要求女子认识到先有社会、才能有个人的存在空间和条件，要提高责任感、学习新知识，以"胜任"社会责任，"成己成人"。这些关于妇女

---

① 胡汉民（1879—1936 年），名衍鸿，字展堂，广东番禺人，1879 年出生，举人出身，赴日时已有革命倾向，反对清朝统治，主张建立共和制国家。1904 年冬，胡汉民、朱执信、汪精卫等人赴日本留学，在日本法政大学速成法政科学习，思想受到资产阶级经济学说的影响。后成为国民党前期右派领袖，廖仲恺被刺案时成为嫌疑犯。历任国民党中央常务委员会主席、南京国民党中央政治会议主席、立法院院长等职务。1936 年病逝于广州。胡汉民与于右任、谭延闿、吴稚晖被称为"民国四大书法家"。

② 苏曼殊(1884—1918 年)，近代作家、诗人、翻译家，广东香山（今广东珠海）人，名戬，字子谷，学名元瑛（亦作玄瑛），法名博经，法号曼殊，笔名印禅、苏泥、号称诗僧、画僧、情僧、革命僧。出生于日本横滨，父亲是广东茶商，母亲是日本人。早年留学日本，参加拒俄义勇队、兴中会、光复会等组织，倾向于民主革命，后回国办《国民日报》，不久在惠州出家，病逝于上海，葬于西泠桥，与苏小小墓南北相对。苏曼殊一生能诗擅画，通晓日文、英文和梵文等多种文字，可谓多才多艺，在诗歌、小说等多个领域皆取得了成就，是革新派文学组织南社的重要成员，后人将其著作编成《曼殊全集》(共 5 卷)。

的思想言论，既切中了当时中国社会妇女问题的要害，也指明了妇女解放的真正出路，颇具灼见。这篇文章是何香凝最早的一篇作品，也是我国妇女运动史中早期宣传妇女解放屈指可数的作品之一。全文论述思路清晰，文字已具备一定的逻辑性，表现了何香凝的思想和知识水平的飞速发展。这篇文章更开启了何香凝一生为之奋斗的妇女解放事业，从此以后，研究妇女问题，进行妇女解放运动，就成为何香凝一生革命活动重要的组成部分。何香凝也成为了现代中国著名的妇女领袖之一，深受人们的爱戴。

正是在这样的爱国思想基础上，仅仅数月之后，何香凝就同丈夫廖仲恺一起加入了孙中山领导的资产阶级民主革命的行列，投身推翻清政府的革命事业中。

3
拜随中山

　　1903 年 7 月 22 日，孙中山自越南河内抵达日本横滨。《辛丑条约》后，清政府彻底沦为"洋人的朝廷"，人们逐渐认清了其腐败无能、丧权辱国的本质，同时孙中山领导的资产阶级革命有了较大的发展。1900 年兴中会惠州起义失败后，孙中山继续在华侨中进行革命活动。推翻清政府的宣传，在海外广泛地传播开来。在何香凝到达日本的前一年，孙中山再度来到日本领导革命运动，他经常与留日学生接触，资助留日粤籍学生发起成立"广东独立协会"进行联络工作，支持他们的爱国和革命活动，扩大了民主革命的影响。孙中山在留学生中享有很高的威望，备受人们的崇敬。何香凝抵达东京后，和所有的爱国青年一样，也十分仰慕孙中山，只是一时还没有会面的机会。

　　1903 年 9 月的一个晚上，何香凝和丈夫廖仲恺到神田神保町中国留学生会馆参加留学生的集会，在会场上初次看见了知名的革命家——孙中山。孙中山令人激动的演说，深深触动了广大革命青年的心弦，也使廖仲恺、何香凝夫妇深受感动。为了更深入地了解孙中山的革命理想，他们设法打听到孙中山在东京的寓所。

　　几天以后，廖仲恺、何香凝夫妇，和朋友黎仲实一起，按地址前往小石川的一间"下宿屋"（旅店）拜访孙中山先生，在一间面积不大、陈设俭朴的小房间里，他们见到了孙中山。何香凝后来回忆："孙中山个子魁梧，蓄着八字胡，俨然一副矢志不移的革命家气派，他从不拒绝青年的来访，用和蔼的笑容亲切地接待了来访的年轻人，好像接待知己朋友一样热情而随和。那时孙中山已将近中年，可是他那充沛的精力、蓬勃的热情与朝气，竟同青年人无异。"[1]

他们也如同青年之间的会面一样，没有什么客套，刚刚坐定，话题马上从中国政治问题上开始了。这一次孙中山谈得很深、很多，从鸦片战争、太平天国、戊戌变法、义和团的失败谈到"驱逐鞑虏、恢复中华"的革命方略。廖仲恺、何香凝夫妇对孙中山推翻清廷、建立民国的主张很是佩服。随后他们还两次拜访孙中山，进一步深入交谈，对孙中山表示"我们也想参加革命工作，愿效微力"，而被孙中山引为同志。孙中山对他们也颇为欣赏，当即指示他们多物识有志学生，壮大革命力量。孙中山惊喜这次东京之行的收获："有廖仲恺夫妇、马君武、胡毅生、黎仲实等多人来会，表示赞成革命。予乃托以在东京物识有志学生，结为团体，以任国事，后同盟会之成立多有力焉。"从此，廖仲恺、何香凝夫妇开始参加孙中山领导的民主革命，积极参加各项活动。他们接受孙中山的嘱托，组织留日青年学生，成立义勇队，学习军事知识，为将来发动武装斗争作准备。孙中山十分信赖他们，要求以他们的寓所，作为革命党人的通讯联络站和聚会场所。为了严守秘密，何香凝辞退了女佣，并开始学习淘米、烧饭并自己带孩子。自此以后，廖仲恺、何香凝夫妇的家就成为革命党人的"机关"。孙中山经常在那里召集会议，筹划各种工作。何香凝一面读书，一面身兼联络、勤务和掩护等多项工作。她总是用父母寄给自己的生活费，招待集会的朋友，也不时接济孙中山，自己却过着俭朴的生活。何

---

① 《忆青少年时代》，载《廖承志文集》上卷，人民出版社 1990 年版，第 2 页。

香凝后来回忆说，那时"我的吃苦，是为中国革命！一想到这里，随便什么罪，我就甘心忍受，乐之不倦了"。①

---

① 何香凝：《我学会烧饭的时候——自传之一章》，载尚明轩、余炎光编：《双清文集》下卷，人民出版社 1985 年版，第 213–214 页。

4

步入革命

1903 年 9 月 26 日，孙中山离开日本前往美国檀香山宣传革命。此后，何香凝在日本遵照孙中山先生嘱托，开始了一生为之奋斗的革命工作。按照孙中山的指示，廖仲恺、何香凝夫妇与黎仲实、苏曼殊一起组织留日爱国学生开展军事训练，为日后革命作准备。何香凝每天要先行起床，为队员们烧水煮饭。不久，由于日本警察破坏，被迫停止，他们搬到小石川居住。何香凝回忆：（孙中山）在离开日本之前交给我们的任务就是在留学生中组织学习手枪、步枪射击等等初步的军事知识……那时我已由宿舍迁出，在牛込区租赁房子居住，每天清晨秘密集合到大森练习射击。

1904 年年初，25 岁的何香凝由东京取道横滨候船回香港待产，2 月 4 日，女儿廖梦醒在香港那打素医院出生。那打素医院是香港第一家收华人住院的西医医院，也是香港第一家产科医院，孙中山就是它附属的香港西医书院（现在的香港大学前身）的首届毕业生。丈夫廖仲恺为女儿起名"梦醒"，寓意中华民族能像雄狮一样从梦中醒来，屹立于世界之林。何香凝回香港生产期间，孙中山介绍她去见在香港办报纸的陈少白，并带去了孙中山的信件。3 月，女儿廖梦醒满月后，何香凝将女儿托付母亲陈氏照管，只身返回日本，继续女子师范学校预科学业，此时丈夫廖仲恺也进入早稻田大学预科政治科深造。

7 月 19 日，孙中山结束欧美革命活动，返回日本。欧美之行和局势的变化使革命党人酝酿进行新的革命。孙中山返回日本后，便积极着手中国同盟会的成立工作。

8月6日，黎仲实受孙中山委托造访何香凝。黎仲实向何香凝转告，为了方便收发信件，进行革命活动，孙先生希望何香凝能另租交通便利的住所，代其收发信件，出于安全和保密的需要，建议家中不要雇用日本佣人。何香凝郑重地答应了要求，全身心地投入革命事业之中。

1905年8月7日，对何香凝是很重要的一天，这一天她由孙中山和黎仲实介绍，在同盟会成立大会举行之前宣誓正式加入了中国同盟会，成为同盟会第二位女会员。据何香凝回忆："加盟的手续，本来要两个人介绍。我填的加盟书，只有黎仲实一个人的签名，后来孙先生看了，他也签了个名字。于是由孙先生和黎仲实两人的介绍，我参加了同盟会……庄严宣誓：'当天发誓，驱除鞑虏，恢复中华，创立民国，平均地权。矢信矢忠，有始有卒。如或渝此，任众处罚。'我当晚兴奋激动得彻夜难眠。"①

历史好像故意与廖仲恺、何香凝夫妇开了个玩笑。何香凝在日本积极参与同盟会创建期间，丈夫廖仲恺却因回国筹措留学费用，未能参与。何香凝的革命领路人丈夫廖仲恺，不仅晚于妻子加入同盟会，其入会介绍人正是妻子何香凝。

8月20日，中国同盟会在东京召开成立大会，到会者约有100人，除甘肃尚未派留日学生，其余关内17省均有人参加。大会通过孙中山起草的《同盟会宣言》和《同盟会对外宣言》以及黄兴起草的会章。经大会讨论通过的《章程》规定，以东京为本部所在地，总理以下分设执行、评

① 参见何香凝：《我学会烧饭的时候——自传之一章》，载尚明轩、余炎光编：《双清文集》下卷，人民出版社1985年版，第215页。

议、司法 3 部门；在国内外分设 9 个支部（国内有东、西、南、北、中 5 个支部，国外有南洋、欧洲、美洲、檀香山 4 个支部），并在各省区成立分会。会上推举孙中山为总理，黄兴为执行部庶务长，协助总理主持本部工作。大会又通过以《二十世纪之支那》杂志作为同盟会的机关报，后更名为《民报》。

8 月下旬，丈夫廖仲恺携女儿廖梦醒与胡汉民夫妇同船返回日本。9 月 1 日，一行四人抵达东京，胡汉民夫妇暂时寄居在廖仲恺、何香凝夫妇家里，当晚，孙中山前来，何香凝与黎仲实介绍廖仲恺加入同盟会，廖仲恺和胡汉民一起宣誓加入。

中国同盟会筹备和成立之初，何香凝做了许多宣传、集会联络、后勤等烦琐的工作。她还根据孙中山指示搬了家，解雇了女佣，自己烧水煮饭料理家务，这在何香凝近三十年的人生中，还是头一回。何香凝后来回忆：我就是在这个时候才开始学会自己洗米、生火、烧饭等家务劳动的。自此以后，我家就成为通讯联络站和集会场所。此后，孙中山和革命党人几乎每周前来集会，商议和策划革命工作。五六年中，他们的居处搬迁多次，始终是同盟会秘密的聚会场所和联络机关。

当时，经常到廖仲恺、何香凝夫妇的寓所参加集会的有朱执信、胡汉民、黄兴、章太炎、刘成禺、汪精卫、黎仲实、张继、马君武、冯自由、苏曼殊等人。何香凝除了继续到东京女子师范学校读书，一人担负起一切有关革命的联络和勤务工作，平时则收转信件、保管文件、看守门户，每当孙中山召集会议的时候，她不但要照料茶饭，还要担任看门开门、看风、收鞋（日本房屋中铺地席，进屋要脱鞋，鞋子留在门外。孙中山召集秘密会议时，人来得很多，因此，留在门外的鞋子很容易暴露目标，必须收藏起来）和掩护同志以防止日本警察和清政府的侦探前来窥探等任务。何香凝从头学起，出色地完成了各项工作，这个过程中她从需要佣人照料的富家太太，成长为能力卓著的革命实干家。她热情洋溢，不辞劳苦，踏实尽力地工作，深受孙中山以及留日革命青年们的倚重和信赖，被亲切地称为"御婆样"（意为"管家婆""阿姨"）。

1905年11—12月间，廖仲恺、何香凝夫妇一起参加了反对《关于准许清国人入学之公私立学校章程》的斗争。《章程》是日本政府勾结清政府，朋比为奸，为共同镇压留学志士日益高涨的革命浪潮而颁布的。它规定了留日学生入、转学时的"愿书"，必须附加清政府公使馆的介绍书和承认书，以及留日学生不得自由选择居住地方等无理的限制条文。这就是要将所有留日学生都置于清公使馆监督、管理和控制之下，特别是要将大部分属于革命派的自费留学生，置于清公使馆的严格约束之中，以防止他们参加政治活动。留日的中国学生对此义愤填膺，从12月初起纷纷集会，发表演说和散发宣传品，并决定集体罢课。12月8日，著名革命宣传家陈天华为抗议日本反动派对留日学生的诋毁迫害，留下绝命书后，在日本投海自杀；两天后（即同月10日），几千名留日学生齐集中国留学生会馆举行大会，一致决议全体罢学归国，抗议日本政府的错误行径，掀起了声势浩大的反对《取缔留学生规则》的政治斗争。廖仲恺、何香凝夫妇在运动开始时，就"坚决主张同盟罢课，以示抵抗"，态度鲜明，斗争坚决。他们在这一事件演进过程中始终积极参加斗争，并且遵照孙中山不赞成留日学生全体回国的指示，和同盟会中其他一些成员一道，对激进的留学生耐心细致地做工作，说服留学生们要团结一致，共同在日本坚持斗争，争取胜利，以避免全体归国遭到清政府镇压的危险，从而使许多青年学生在斗争中受到启发和教育。

5
结识秋瑾

秋瑾 (1875—1907)，女，原名闺瑾，后易名瑾，号鉴湖女侠。祖籍绍兴，生于福建闽侯。秋瑾家是当地望族，几代官宦。自幼喜好诗文，尤慕剑侠，豪爽奔放。稍长，随四表兄习棍棒拳术、骑马击剑，性格倔强。光绪十七年 (1891) 初夏，秋瑾跟随祖父秋嘉禾回到绍兴，居住于绍兴城南和畅堂。次年，父亲调往湖南湘潭任职，秋瑾随全家到湖南。光绪二十二年（1896），依父命出嫁湖南湘潭王家。丈夫王廷钧在志趣、爱好上与秋瑾毫无共同之处，她叹息道："琴瑟异趣，伉俪不甚相得。"秋瑾时常劝丈夫："天下兴亡，匹夫有责，你要好好读书，为将来国家的繁荣富强和个人的前途着想。"后丈夫王廷钧捐资在京城任部郎。秋瑾随丈夫去北京后感情极不融洽。时值八国联军侵华、义和团运动失败之际，秋瑾目睹清廷腐败和民族危难，遂滋生"置生死于不顾"，献身救国之志。1904 年，秋瑾冲破家庭束缚自筹旅费去日本留学，入东京实践女学校学习，积极参加留日学生革命活动，参与发起组织"共爱会""十人会"，创办《白话报》，宣传推翻清政府统治和提倡男女平权。1905 年，秋瑾回国筹措学费期间，经徐锡麟等介绍在绍兴加入光复会。7 月返回日本，经黄兴介绍，在日本会见孙中山，加入同盟会，并被推为同盟评议部评议员和同盟会浙江主盟人。同年因反对日本《取缔留学生规则》，年底回国。1906 年，与陈伯平等准备武装起义活动，多次往来于上海、杭州，在浙江新军和杭州武备学堂、弁目学堂中发展同盟会组织，吸收光复会员，曾亲拟《光复军军制稿》，在杭州白云庵召集浙江各地会党，正式组织光复军，推徐锡麟为首领，自任协领，商定浙皖联合起义会攻南京。因叛徒告密，1907年7月6日，徐锡麟在安庆仓促起义，失败。7月13日，秋瑾被捕入狱。7月15日，秋瑾在绍兴轩亭口从容就义，年仅33岁。

何香凝和秋瑾先后东渡日本求学。在孙中山的革命旗帜下，1905年8月7日，何香凝作为第二位女同盟会会员入会；8月14日，秋瑾由黄兴为主盟人、冯自由为介绍人，成为第三位女同盟会会员。她们有过短暂的交往、相处，由于共同的爱国情怀和理想追求、相似的性格而产生了强烈共鸣，年长三岁的"鉴湖女侠"秋瑾，给何香凝留下了极深刻的印象。

何香凝后来回忆与秋瑾初识的情形，她说："在我加入同盟会后那一年，有一次留学生开会，我们在会场见面"，"我与秋瑾在留学生会议上碰见过几次，她也到过我家两次"。在服膺同盟会政治纲领的共同追求中，特别是在同盟会女会员极少的情况下（后来实际上参加同盟会的女会员一共只有50人左右），何香凝和秋瑾自然有更多的交流机会。由于方言差异，何香凝和秋瑾的交流多由笔谈加上身体语言的方式进行。在笔谈中，个人生活情况、政治抱负和各种际遇，都可以成为谈话的主题。虽然语言不通，却不影响她们之间的沟通，有时说到激动处，秋瑾还会手舞足蹈，忘形地说起何香凝听不懂的绍兴方言，性格坦率真诚，给何香凝留下了极深刻的印象。秋瑾是何香凝十分钦佩的女子，她形容"秋瑾女士才略过人，同侪深为钦仰"。何香凝觉得秋瑾性格豪爽，行事干练，着男装，个性鲜明。何香凝说："在我的印象中，她是一个热情豪爽的人，不像一般女子似地爱好装饰，她的衣着随便，不修边幅，不拘小节。"确实，秋瑾在日本时"居恒衣和服，不事修饰，慷慨潇洒，绝无脂粉习气"。①

当了解了秋瑾曲折的身世，让从小受父母宠爱，婚后受丈夫尊重，与丈夫志同道合、夫妻携手并肩的何香凝，深为叹息，深感同情。何香凝为秋瑾"遇人不淑，身世飘零"而叹息，也为秋瑾勇敢、直率的性格和飒爽英姿、潇洒的风度而折服。同时由于同样强烈的爱国追求，何香凝和秋瑾在思想上有强烈共鸣，都视彼此为知心朋友。当秋瑾的死讯传来，何香凝伤心痛哭，她说："秋瑾进行革命工作，事机不密被捕，英勇就义。凶讯传来，至深痛悼。"此后，何香凝一直把秋瑾引为前辈和榜样。多年后，何香凝为秋瑾故居和畅堂题写了"秋瑾故居"的匾额，为出版的《秋瑾文集》题写书名，这些都是她对"鉴湖女侠"的敬仰和缅怀。

何香凝和秋瑾作为同是有着共同理想的中国妇女运动的先驱，她们勇敢与愿为革命事业奉献自己的精神，促使她们更多了一份精神上的契合和相吸。秋瑾侧重于作为妇女的英勇战士，她组织会党、训练光复军、运动党军起义，身着男装、手持长剑闯天下，抱着必死的信念，走上战场与敌人血刃战斗，最后成为"为革命而被砍头的第一个女烈士"！何香凝则在妇女运动方面始终着重于领导和组织知识、农工妇女。后来几十年间，她培养妇女运动骨干，组织各界劳动妇女的联合，从而成为中国妇女解放运动的领袖。

---

① 何香凝口述、全国妇联工作人员笔录：《何香凝谈话录》（1962年8月30日—9月15日），转引自尚明轩：《何香凝传》，人民文学出版社2012年版，第41页。

第三章

**东京的学习与
生活**

从 1903 年 3 月赴日求学至 1916 年 4 月携子女回国，何香凝基本上都在日本东京求学生活。期间 1911 年年底至 1913 年 8 月，辛亥革命后何香凝曾一度返回国内，参与孙中山先生的建国事业。

在日本留学初期，何香凝在东京女子师范学校预科学习。1904 年 2 月在香港生下女儿廖梦醒后，又回女子师范学校继续学习，但不久便因胃病休学。在这段时间里，何香凝主要负责同盟会本部的后勤和机要秘书工作。何香凝爱好书法、绘画，经常将自己的一些画作赠送同志和友人。孙中山发现何香凝有这方面的特长，于是建议何香凝改学绘画。丈夫廖仲恺对此也非常支持，1907 年 9 月，何香凝进入东京本乡美术专科学校高等科学习。因何香凝有绘画基础，除了在学校随老师学绘山水和花卉，还拜日本皇室画师田中赖章为师，学习老虎、狮子等猛兽的画法。1908 年 9 月，何香凝在东京生下儿子廖承志，不久又重回学校学习，直到 1911 年春天顺利毕业。1911 年辛亥革命推翻了清政府的腐朽统治，廖仲恺到广州担任财政部部长，何香凝也从香港到达广州，在丈夫廖仲恺身边充当贤内助，负责操持家务、教育子女，让其全身心地建设新生的共和政权。不幸的是，辛亥革命的胜利果实很快就被袁世凯所窃。1913 年 8 月，"二次革命"失败。廖仲恺、何香凝夫妇被迫离开广州，再赴日本开始政治流亡生活。革命陷入低潮，流亡日本的多数国民党人悲观失望，但这对夫妇却矢志不移地追随孙中山。1916 年 3 月 22 日，在革命者发动的多次起义的打击下，袁世凯被迫撤销帝制。此后何香凝回国，继续与丈夫廖仲恺一起追随孙中山，并参与组建广州政府。

1
儿女降生

　　1904 年的初春，何香凝离开东京，回到香港母亲家中等待分娩。因何香凝以前曾经小产过一次，这次是为了安全起见回娘家生产的。2 月 4 日生产后居住在香港摩罗上街 15 号，这里是何香凝母亲的私人产业。因当时封建习俗，外嫁女不能归宁生产，故待女儿廖梦醒满月后，何香凝才返回摩罗上街 1 号娘家居住。女儿廖梦醒满月后不久，何香凝一方面要完成学业，另一方面还有革命工作，因"生活流动无定而又紧张，照顾小孩很不方便"，为了不分散精力，她把女儿留在娘家托母亲抚养，只身又东渡日本回到丈夫廖仲恺身边，继续到女子师范学校预科读书。

　　很快女儿廖梦醒已满周岁。何香凝的母亲来信中对孩子的描绘，引起了廖仲恺、何香凝夫妇对女儿廖梦醒的强烈思念。他们经常深情地想象着女儿娇憨可爱的样子，然而，这只能更加助长他们的思念而已。1905 年，廖仲恺趁着暑假回国筹措学费之便，途经香港，把一岁多的女儿廖梦醒带来日本。女儿廖梦醒的长相，与丈夫廖仲恺很像。女儿高高的鼻梁，浑厚的嘴唇，脸形是椭圆的，身材比较矮小，除了左眉梢上缺少那颗黑痣以外，简直就是丈夫廖仲恺的缩小版。女儿的到来，做母亲的何香凝固然喜欢；而最爱女儿的要算是丈夫廖仲恺了，每当工作或学习之余，逗逗可爱的小女儿，他们的疲劳就立刻消失了。廖仲恺、何香凝这对相敬相爱的年轻夫妇，因为这个小生命，在幸福的和谐中更注入了新鲜的血液，生活也光彩、红火得多了。

　　然而，何香凝做母亲后从此体弱多病。何香凝在 1906 年春季结束东京女子师范学校预科的学习，经过考试，于同年 4 月 13 日考入目白女子大学校教育部博物科学习。在此期间，何香凝努力完成学校功课，请朱执信辅导数学，胡汉民辅导《史记》《汉书》等古典书籍，十分勤奋，学识也得到飞跃进步。可不到半年，1907 年年初，因患胃溃疡，病情日益加重，何香凝被迫停学，在家休养。不久，病情稍有好转时便又复学继续学习。1908 年 4 月 28 日，终因身体健康不佳，加上又身怀有孕，无奈退学一年。

　　1908 年 9 月 25 日（阴历八月二十七日），在东京大久保寓所，儿子廖承志在哭喊声中出生了。何香凝儿子的乳母"是一位刚强的白瓜子脸的叫作叶姨的日本女子"，儿子"是靠日本女性的乳汁长大的"。儿子廖承志年幼的时候，聪颖出众，也很调皮。儿子三岁时，曾与父亲送给他的一只小猴子在床上共睡，时间长达半年之久。后来廖承志追忆这件事时还很幽默地说："因为我是猴年生的，与猴子共睡半年，大概会进一步加深与猴的缘分。"[①] 有一次，在东京过年，廖仲恺请客，当他们送客出门时，儿子廖承志把桌上剩下的酒都一饮而尽。醉了后就钻到日本式"榻榻米"房屋放被褥的柜橱里睡大觉去了。到了晚饭时，找来找去就是找不到儿子，何香凝急坏了，晚饭都不想吃了。正愁闷间，突然柜门作响，才发现儿子在里面睡觉，翻身的时候撞响了门板。[②] 何香凝特别疼爱她这个顽皮又憨厚的小儿子，她期望着这个小儿子将来会像他爸爸一样能干、有才气。一对可爱

---

① 廖承志：《我的童年》，载《廖公在人间》，生活·读书·新知三联书店 1984 年版，第 249–250 页。

② 参见《丧弟的哀痛——廖梦醒回忆她的弟弟廖承志》，载《中国建设》杂志特刊，1983 年 9 月。

的儿女的出生，使献身于革命的父母战斗的劲头更足，热情更高，责任感也更加重了。同时儿子廖承志的出生，自然又给当母亲的何香凝增加了繁重的负担。但是何香凝求知心切，半年之后便又入学读书了。1909年4月10日，何香凝进入东京本乡私立美术学校（即今东京的女子美术专科学校）学习。

何香凝在日本的后几年里，学业、事业和家事交织，十分辛苦。她要读书，要管家，要抚养儿女，还要进行革命活动，几副担子压在她一个人的肩上。但何香凝从不叫苦，坚定的革命意志永远是支持革命者的力量。何香凝视紧张的工作、学习和繁重的家务等各项劳动，既是锻炼，也是考验，只有经得起这种锻炼和考验，才能够坚定不移地把革命进行到底。

2

驰誉丹青

何香凝爱好书法、绘画，经常将自己的一些画作赠送同志和友人，以激励他们的斗志，同时也会为同盟会抄写一些重要的布告和文书。同盟会因经常在国内举行武装起义和革命活动，急需专门的美术人才，将义军的军旗、安民告示和军用票等图案画出来。孙中山发现何香凝有这方面的特长，于是建议她改学绘画，以便更好地为同盟会服务。丈夫廖仲恺对此也非常支持。

1909 年春，当何香凝再次恢复学习生活时，在孙中山和丈夫廖仲恺的鼓励下，改习绘画，在东京本乡私立美术学校学习。何香凝于 4 月 10 日入学，所入学科是日本画高等科，专门学习绘画。1911 年春，何香凝顺利完成学业毕业。在这所美术学校，何香凝除接受教师端管紫川先生讲授的山水、花卉画外，还每周两次向当时的名画家、日本皇室画师田中赖章学画狮、虎动物及日本画。何香凝擅长画猛兽和菊花，其实她是以画寄情，将狮吼和虎啸比作中华民族的觉醒和振兴，将菊花傲雪斗霜暗喻革命者的风骨和品德。1910 年，何香凝就曾将一幅《猛虎图》赠送给同盟会领袖黄兴，赞颂他无惧无畏的革命精神。

何香凝自述说："自此以后，在辛亥革命过程中，反清起义部队所用的旗帜符号，有一些就是我在孙先生指导下描绘和刺绣缝制的。"[1] 在辛亥革命后的斗争岁月里，何香凝依然不停地拿起画笔，来表达自己对革命事业的无限忠诚和对敌人的无情鞭挞。

何香凝绘画深受日本画风影响，描摹状物意态生动，栩栩如生，画作爱用留白，不着笔墨，给人以开阔之感——今天看来，何香凝的绘画作品，其实就是这位革命老人一生真实的写照。

---

① 何香凝：《我的回忆》，载尚明轩、余炎光编：《双清文集》下卷，人民出版社 1985 年版，第915 页。

3
初识庆龄

　　宋庆龄与廖仲恺、何香凝夫妇一家最初相识于东京。1913 年 3 月 20
日，国民党代理事长宋教仁在上海火车站准备乘车赴北京，廖仲恺与黄兴
等人为他送行，行至检票处时，宋教仁被预先埋伏的枪手击中，两日后辞
世。经追查，国民党认定幕后真凶是袁世凯亲信、国务总理赵秉钧。袁世
凯追求专制独裁的面目暴露无遗，孙中山因此决心发动"二次革命"，推
翻北洋政府。7 月，孙中山命令江西都督李烈钧在江西湖口率先打响反对
袁世凯政府的第一枪，随后广东、福建、湖南等南方多省陆续举起反袁大
旗，但不久后战败，"二次革命"失败。8 月，在广东都督府主管财政的廖
仲恺追随孙中山，与何香凝带着儿女廖梦醒、廖承志流亡日本。

　　廖仲恺抵达日本后不久，孙中山的密友和革命事业的支持者——宋
庆龄的父亲宋耀如，偕长女宋霭龄也来到东京，协助孙中山工作。宋耀如
主要帮助孙中山筹集革命经费，宋霭龄则担任孙中山的英文秘书。但因为
宋霭龄将回国与孔祥熙结婚，不能再担任孙中山的英文秘书，所以要宋庆
龄前来替换宋霭龄的工作。于是，刚从美国威斯里安女子学院毕业的宋庆
龄，放弃了继续深造的计划，急赴日本，担任孙中山的私人英文秘书。

1914 年廖仲恺加入中华革命党①，起初担任总理秘书，当时革命党人能够流利使用英文的人并不多，廖仲恺也常常协助孙中山处理英文文稿、函电，或陪同他与欧美人士会谈，与宋庆龄的工作有重叠、补益之处，交集较多。孙中山、廖仲恺与宋耀如、宋庆龄曾共同执笔完成回复美国大使馆的应讯文稿。后来，廖仲恺担任中华革命党财政部副部长后，遇到需要与西方国家使馆联系或对外收发英文函电时，孙中山仍不时吩咐廖仲恺去办理。

何香凝与宋庆龄结识的时间稍晚一些，开始频繁交往是在宋庆龄与孙中山结婚后。据现存的东京警视厅对孙中山行踪的监视记录：1916 年 1 月至 4 月底回国前，何香凝与宋庆龄至少有过 6 次会面。1 月 1 日上午，廖仲恺、何香凝夫妇赴孙中山寓所恭贺新春；1 月 15 日晚，廖仲恺、何香凝夫妇与戴季陶夫妇、居正夫妇、王统一夫妇、张继夫妇一同在孙中山寓所聚会；2 月 3 日晚，孙中山偕宋庆龄和王统一夫人乘人力车至下涩谷三一五号廖仲恺、何香凝住所，与萱野长知、王统一、林赓等聚会；2 月 12 日，何香凝与其他三位中国妇女到访孙中山寓所，与宋庆龄交谈；2 月 19 日晚，廖仲恺、何香凝夫妇与邓铿等在孙中山寓所聚会，至深夜 11 时才离开；4 月 9 日下午，廖仲恺、何香凝夫妇携儿女廖梦醒、廖承志赴日

---

① 中华革命党是 1914 年孙中山在日本东京成立的组织，中国国民党的前身。1913 年二次革命后，孙中山再度举起民主革命的旗帜，经过半年多的努力，于 1914 年 7 月 8 日在日本东京召开大会，正式宣布中华革命党成立。大会通过了《中华革命党总章》。孙中山当场宣誓加盟，并就任总理职务，任命总务部正副部长为陈其美、谢持；党务部正副部长为居正、冯自由；财政部正副部长为张静江、廖仲恺；政治部正副部长为胡汉民、杨庶堪；军务部正副部长为许崇智、周应时。孙中山手书的《中华革命党总章》提出了该党纲领，明确规定本党以实行民权、民生两主义为宗旨，以扫除专制统治、建设完全民国为目的，继承了中国同盟会时期的民权、民生主义的革命内容，同时增加了推翻袁世凯专制独裁统治、建立一个新的民主共和国的革命内容。

本友人田中昂家中，与孙中山、宋庆龄、戴季陶、胡汉民、董野长知夫人等人聚会并合影，庆祝袁世凯取消帝制，将聚会取名"帝政取消一笑会"。

何香凝与宋庆龄相识较晚，一方面，宋庆龄承担的秘书工作较为繁重，她的生活围绕着孙中山的革命事业展开，因此人际交往较少；另一方面，当时二人交流也存在一定的障碍，首先就是语言障碍。何香凝只能说粤语、日语，宋庆龄当时则只能说英语、上海话，与当时全中国大多数人一样，二人均不擅长讲官话（普通话），存在一定的语言障碍。此外，二人年龄存在差异，成长的文化背景也不尽相同。何香凝较宋庆龄年长15岁，青少年时代生活在传统文化氛围浓郁的香港，婚后随丈夫廖仲恺留学日本接受高等教育，但日本文化也属于东方文化的范畴，与中国传统文化相似处多，而与西方文化相似处少。宋庆龄则生长于基督教传教士家庭，青少年时期在美国接受西式教育，两人的文化差异较大。这从二人衣着打扮就能看出年龄、文化、生活条件等差异造成的生活态度的差别。宋庆龄习惯打扮得漂漂亮亮，而何香凝则衣着穿戴非常朴素，两人在一起反差很大。二人最初的交往不是单纯的私人友情，最多的是以孙中山的革命事业为中心的工作交往。

4
见证好合

　　孙中山与宋庆龄的结合，对他们个人乃至中国近现代史都有重要影响。有学者评价说："宋庆龄与孙中山的结合，最初似乎只是建立起一个新的家庭，只是一件私事；而从后来的历史发展看，这个家庭，对宋、孙二人的革命生涯都产生了极其深远的影响。所以，应该说它不仅是他们俩人的，也是中国近代革命史上的一桩重要事件。"①

　　孙中山、宋庆龄在长期的工作中产生了爱情。孙中山因从事革命活动一生漂泊海外，长期过着单身生活。宋庆龄则正值芳龄，作为当时中国最负盛名的伟人，孙中山对于青年宋庆龄的政治成长关怀备至，这些关心和鼓励在宋庆龄心中更加平添了巨大的魅力。何香凝的丈夫廖仲恺作为孙中山的主要助手，见证了其与宋庆龄结合的过程，并且还作出了自己的一份贡献。据廖仲恺和何香凝的外孙女李湄回忆："关于他们的恋爱，外公告诉过我妈妈一件有趣的事。在日本的时候，一次，孙中山、宋庆龄和我外公，还有胡汉民、戴季陶、张静江等人到某风景区去玩，一行人爬上一个小山坡。宋庆龄年轻走得快先到达山顶，孙中山紧跟在后，接着是我外公。外公平时就动作迅速，走路很快，因此把胡汉民等人远远抛在后面。张静江是坐轿子上山的，更落在后面。快到山顶时，孙中山回转身向我外公摇摇手，示意不要跟上去。外公会意，就让大家停在半山坳休息。过了

---

　　① 《宋庆龄》，上海教育出版社 2009 版，第 42 页。

一会儿，两人满面春风的样子下山。"据说，那天孙中山正式向宋庆龄求婚。由于年龄差距，宋庆龄怕父母不同意，没有马上决定，但答应考虑。

当时大部分知情者对孙中山与宋庆龄的婚事均持反对的态度，何香凝的丈夫廖仲恺是少数赞同者之一。年龄差距是孙中山、宋庆龄结合面临的第一个难题。孙中山较宋庆龄年长 27 岁，比宋庆龄的父亲宋耀如也仅仅小了 5 岁。此外，孙中山的原配卢慕贞尚健在，按照中国传统观念，休妻再娶，难免遭受物议；以纳妾方式迎娶，则违背革命党人的道德观念。因此，孙中山、宋庆龄的结合几乎遭到了孙中山身边的革命同志的全面反对。据说，朱执信、胡汉民曾当面向孙中山"诤谏"，坚持要他放弃同宋庆龄结婚。但孙中山毫不客气地说："展堂、执信！我是同你们商量国家大事的，不是请你们来商量我家庭的私事。"孙中山、宋庆龄的结合也遭到了宋家的强烈反对，宋耀如夫妇不可能让女儿给人做妾，甚至不愿意女儿嫁给任何有过婚史的男性。孙中山曾试探过宋耀如对宋庆龄婚姻的态度，宋耀如明确地表达了他的态度。1915 年 8 月 3 日，宋耀如在复孙中山函中表示："我们是一个基督教家庭，我们的女儿不会给任何人做妾，无论他是这世上最伟大的国王、君主抑或总统。"后来，当宋庆龄征求父母的意见时，父母一致表示反对。宋庆龄回忆说，当她向父母亲提出要跟孙中山结婚的请求时，"父亲面露不悦之色，母亲流了眼泪"。宋耀如夫妇为此禁止宋庆龄再赴日本。宋庆龄在给妹妹宋美龄的信中说："母亲之所以不许我去，是因为反对孙先生。而父亲之所以不许我去，是因为他要我详细地考虑，而且要我得到相当的把握。"① 孙中山、宋庆龄结婚的打算，无论

---

① 《宋耀如生平档案文献汇编》，东方出版中心 2013 年版，第 55、98 页。

是从伦理上还是心理上，对宋耀如夫妇都是打击。宋庆龄待在上海家中期间，一方面希望改变父母的态度，另一方面也在等待孙中山与卢慕贞离婚的消息。

1915年10月下旬，孙中山离婚的消息带到上海后，宋庆龄认定父母的态度不会改变，于是在孙中山使者朱卓文及其女儿的陪伴下前往东京。10月25日，在抵达东京第二天后，宋庆龄与孙中山在日本律师和田瑞的主持下办理了结婚手续。婚礼只有少数几位中华革命党的高层参加。

何香凝的丈夫廖仲恺是婚礼的主要筹备者之一，婚礼当天还数次往返协调。廖仲恺、何香凝夫妇携全家参加了婚礼，女儿廖梦醒、儿子廖承志第一次见到了宋庆龄。廖仲恺和何香凝的外孙女李湄曾在自己编写的书中讲述了一个小插曲："妈妈（廖梦醒）虽然是个小孩，但日语已经讲得不错，那天就充当小翻译……我妈妈那时11岁，正是爱美的年龄。她看见新娘子佩戴着一条漂亮的项链，十分羡慕，便问道：'Aunt(姑姑)，将来我结婚，你能让我也戴一戴这条项链吗？'宋庆龄笑了。这个美丽端庄的新娘子让我妈妈着迷。"[1]

---

① 李湄：《梦醒——回忆我的母廖梦醒》，中国工人出版社2004年版，第32—33页。

第四章
从"重建共和"
到"左派战士"

1917—1925 年，国内局势因军阀混战错综变化，孙中山为了继续革命事业，先后三次在广州组建政府，力图重建共和，实现革命理想。这期间革命事业虽然屡次受挫，廖仲恺、何香凝夫妇却始终追随孙中山，为革命事业竭尽全力，廖仲恺甚至为此付出了宝贵的生命。

1917 年张勋复辟失败，段祺瑞把持北京政府，但拒绝恢复《中华民国临时约法》和召开国会。孙中山的护法主张得到程璧光等海军将领拥护。1917 年 7 月，孙中山率领一部分北伐海军与章太炎、朱执信、陈炯明、许崇智等由上海启程南下广州。9 月 1 日，孙中山被推举为中华民国军政府海陆军大元帅。由于受到盘踞在广东的桂系军阀的破坏和干扰，护法运动以失败而告终。1918 年 5 月 4 日，国会非常会议决议改组军政府，改元帅制为总裁合议制，设七总裁，孙中山遭到地方军阀势力排挤。5 月 21 日，孙中山离粤赴沪。之后至 1920 年 11 月，孙中山在上海潜心研究著书立说，出版《孙文学说》《建国方略》。

1920 年 10 月 29 日，陈炯明率粤军克复广东，桂军仓皇逃离，撤向广西。11 月 25 日，孙中山偕伍廷芳、唐绍仪、宋庆龄等离沪赴粤。28 日，返抵广州，重建军政府，复以总裁身份视事。1921 年 5 月 4 日，军政府五总裁联名通电，宣布军政府即日取消。5 月 5 日，孙中山在广州就任中华民国政府非常大总统。期间，孙中山督师北伐。1922 年 6 月 16 日，陈炯明发动兵变，孙中山再度离粤赴沪。

1923 年年初，滇桂联军驱逐陈炯明出广州。2 月 21 日，孙中山由香港抵广州，设立大本营行辕，就任陆海军大元帅职，管制海陆各军。从1923 年 2 月至 1924 年 11 月北上，孙中山在广州不到两年的时间里，举行国民党第一次全国代表大会，改组国民党，创办黄埔军官学校和亲自督师北伐。1924 年 10 月，冯玉祥等发动北京政变，邀请孙中山北上主政。1925 年 3 月 12 日孙中山在北京病逝，8 月 22 日何香凝的丈夫廖仲恺遇刺身亡。

1

护法运动 重建共和

1916 年 4 月 27 日，袁世凯被迫宣布取消帝制后，何香凝稍晚于孙中山、丈夫廖仲恺之后，携带子女离开日本抵达上海。何香凝在上海，先暂住在海军军官彭春源家中，稍后移居环龙路 63 号（今南昌路 59 号），与孙中山、宋庆龄、朱执信等住在一处，追随在孙中山的左右。而这所寓所对面的 44 号，便是他们进行革命活动的事务所办公室，同时也是陈少白及秘书连声海的寓所。何香凝与这些革命同志朝夕过从，聚会联系工作，追随孙中山开始了反对北洋军阀的革命斗争。

1917 年夏，孙中山发动海军将领起兵参加反对皖系军阀的斗争，拉开护法运动的序幕。何香凝和丈夫廖仲恺积极参与这一工作，大力协助进行有关的活动。何香凝回忆当时的情况时这样说："孙先生深深觉得没有武装力量，不足以与北洋军阀对抗斗争，无由贯彻救国救民的宗旨。所以他几次与当时在上海的海军总长程璧光磋商，希望海军也参加护法行列。仲恺协助孙先生运动北洋海军军官彭春源等南下护法，我则被分配做北洋海军的妇女家属工作。我在哈同路的寓所里接待一些海军家属，对她们讲解护法的必要，配合做些说服动员工作，以促进护法运动的发展。"[①] 廖仲恺、何香凝夫妇为海军舰队官兵归附孙中山，起兵南下广州参加护法运动，进

---

① 何香凝：《我的回忆》，载尚明轩、余炎光编：《双清文集》下卷，人民出版社 1985 年版，第 921 页。

行了不懈的努力，作出了重要贡献。

孙中山鉴于护法运动在复杂的上海难以立足，于1917年7月6日偕朱执信、章炳麟等人，从上海启程南下广州，以广东作为革命斗争的基地，举起"护法"的旗帜，以维护民国元年颁发的《中华民国临时约法》和恢复国会为号召，与北洋军阀政府进行斗争。当时，为了处理上海的未了事宜和接洽海军、联络国会议员南下以及筹措经费等工作，廖仲恺、何香凝夫妇暂时留守在上海，未随同孙中山一道赴广州。他们夫妇在上海多停留的两个多月里，为筹措护法经费和发展护法力量做了大量有效的工作，付出了艰辛的劳动，促使程璧光率领海军七艘炮舰，以及北方国会议员120余人，陆续顺利离沪南下广州参加护法斗争。

何香凝在上海停留期间，为进一步发展护法力量，1917年夏一度东渡日本进行联络活动。7月8日，何香凝在东京参加了中国留日学生召开的讨逆大会，并在会上发表演说，号召人们不仅要反对复辟，而且要建设真正的共和国家。何香凝呼吁妇女也要"尽国民一份子之责任"，同时指出："国家兴亡，匹夫有责，女子且然，何况男子。"①

9月1日，孙中山在广州设立中华民国军政府，正式建立起与北洋军阀政府针锋相对的新政权，廖仲恺、何香凝夫妇应孙中山的电召，于9月18日立即离开上海南下回粤协助工作。他们抵达广州后，廖仲恺被孙中山任命为财政部次长，由于总长唐绍仪未到任，遂又奉命署理总长职，全面担负起为军政府筹措、管理财政经费的重任。

当时，护法军政府所辖西南地区的局势非常复杂和混乱。在英、美帝

---

① 友周：《记留东学生之讨逆大会》，《时报》1917年7月16日。

国主义的操纵下，桂系首领陆荣廷与北方的直系军阀勾结，用各种手段打击护法运动，排挤孙中山。军政府自成立之日起，财政就极度困难，连大元帅府职工的薪俸都难以如数发放，工作难以开展。廖仲恺为筹措急需的费用和饷糈，呕心沥血，四处多方张罗，比如，竭力与外国领事团交涉，把缴交北京政府的"盐余"税款转拨给军政府使用，并筹措发行公债券来募集款项，以解军政府急需供用的燃眉之急。然而，就连这些措施，仍一再遭受桂系军阀的阻挠和刁难，困难重重。孙中山曾在给友人的信中述说经济窘困情况称："抵粤以来，除借贷小款外，殊无挹注之法。现国会虽通过国内公债案，然无确实地盘，承销尚不易易。"于是廖仲恺又派出冯自由、邓子瑜等人，分别前赴美洲、南洋以及港澳等地劝募公债券，千方百计地为军政府筹措急需的款项。

在廖仲恺全力为解决财政困难而奔波期间，何香凝除协助其工作外，还承担了照顾家庭的全部事务，消除其后顾之忧，全力投入革命工作。1918年2月初，何香凝陪同丈夫廖仲恺出国奔赴日本，他们在日本辛苦奔波，四处游说，进行了大量的工作，取得了一定的效果。经过他们在国内外的艰辛活动，加上同华侨、日本人的历史渊源关系，促使人们纷纷认购公债券，有力地支持了护法斗争。

然而，广东护法军政府的工作，由于处处遭受桂系军阀的刁难和掣肘，开展极端艰难，并不能使孙中山的护法主张真正得到贯彻执行。1918年春季，桂、滇系军阀在帝国主义的操纵下，进一步与北洋军阀勾结起来，又配合政学系的政客改组军政府，成立西南各省联合会议，并取消大元帅一长制，几乎完全剥夺了孙中山的职权。这样，孙中山苦心经营的第一次"护法运动"还不到一年，就在西南军阀的排挤下失败了。

1918 年 5 月，孙中山怀着沉重的心情离开广州赴日本后，何香凝陪同丈夫廖仲恺向非常国会办理完财政部的移交工作，也随之离开广州奔赴日本。他们和孙中山在东京会合，共同商讨了此后的革命工作，决定在外交方面进行周旋，希望争取外国的同情和帮助，以促进护法局面能够再次开展。1918 年 6 月 18 日，在革命陷入低潮的情况下，廖仲恺、何香凝夫妇随同孙中山离开日本，返回上海。

辛亥革命后的六七年间，孙中山领导的民主革命多次遭遇坎坷挫折，国内局势因军阀混战乱象丛生，而何香凝的意志却并未受政局动荡的影响而消沉。为了使丈夫廖仲恺没有后顾之忧全力协助孙中山，何香凝承担了全部家务工作，虽然身体多病、体力不支，仍坚决追随着孙中山，从事她力所能及的一些革命工作。何香凝痛恨那些背离孙中山的叛徒，憎恶那些忽左忽右的动摇分子；对那些为革命牺牲的烈士，则总是怀着极深的哀痛悼念他们，并抱着一定要完成死者遗志的坚定决心，从事着革命活动。

2

广州蒙难 冒死救夫

1920 年 7 月，当直皖战争发动时，控制南方军政府的桂系军阀在龙州召开会议，决定以讨伐福州北军为名，进攻粤军，挑起了第一次粤桂战争。在福建的粤军首领陈炯明决定回师广东，迎战桂军。8 月 16 日，粤桂战争开始。桂军在广东作恶多端，深为人民所痛恨。而粤军思归，士气高昂，加之"粤人自救"的口号也易为广东各地军民所接受，因此，战争爆发后，粤军取得节节胜利。10 月 23 日，军政府首领岑春煊见大势已去，通电退职。24 日，岑春煊又与桂军首领陆荣廷等以军政府四总裁名义宣布撤销军政府。11 月 25 日，孙中山偕同唐绍仪、伍廷芳等由上海回广州重组军政府。29 日，军政府举行第一次政务会议，推举了各部部长，并任命陈炯明为广东省省长兼粤军总司令，又形成了南北两政府的对峙局面。

孙中山重组军政府后，宣言继续护法，并积极筹建中华民国正式政府。1921 年 4 月 7 日，国会非常会议和多众两院联合通过了《中华民国政府组织大纲》，并选举孙中山为非常大总统。经过努力新政府稳定了广东局势，为有利于北伐，孙中山还联络皖系、奉系，形成了孙、段、张反直三角同盟。正当孙中山积极推进北伐之时，拥兵自重的广东政府陆军部长、原粤军总司令陈炯明在广州发动武装政变。1922 年 3 月 21 日，他先暗杀了留守广州、坚决拥戴孙中山的粤军第一师师长邓铿；6 月 14 日，又幽禁何香凝的丈夫廖仲恺于广州西郊石井兵工厂；16 日，趁孙中山从前线回到广州，陈炯明派兵包围总统府，炮击孙中山住所，欲置孙中山于死地。

何香凝得到消息后忧心如焚，她惦念着丈夫的情况，更忧虑孙中山、宋庆龄的下落。何香凝到处打听孙中山和宋庆龄的消息。街上到处是陈炯明的部队站岗，不让通行。何香凝就去找陈炯明指定守城的部下叶举、洪兆麟，谴责他们所造成的极大混乱，质问他们为什么要搞政变。何香凝说："你们应该追念孙先生是推翻清朝首创中华民国的人……你们今天饮水思源，不应该这样对待孙先生。"还说："你们纵不让我去找孙先生，也必须让我去找孙夫人才行。你们应该还记得，孙夫人是我们慰劳会的会长，去年你们讨伐莫荣新、沈鸿英的时候，她不是和我发起出征军人慰劳会，募了十几万款慰劳你们吗？你们总该容我去找她呀！"①

何香凝的勇气和诚意，最终打动了陈部官兵，洪兆麟首先开了通行证，并派了两名卫兵，叶举也派了一部车，这样，她才得以通行。沿途到处是横飞的枪弹，十分危险，但何香凝毫不畏惧，将生死置之度外，终于在岭南大学一所小房子里找到宋庆龄。为了掩护孙中山脱险，宋庆龄直到最后才突围，因紧张劳累过度流产，这时正躺在病床上。何香凝一面悉心照料宋庆龄，一面安慰她，自己已经有了线索。第二天，何香凝找到永丰舰，终于见到了已被困多日的孙中山。何香凝的到来使孙中山和舰上的人们了解到广州的局势和宋庆龄的情况。此后，何香凝主动承担起为孙中山递送信件和衣物的重任。往返永丰舰沿途要通过重重哨卡，但何香凝从不畏惧，我行我素，陈部官兵对何香凝既无可奈何，又不得不佩服。

① 何香凝：《忆孙中山广州蒙难》，载尚明轩、余炎光编：《双清文集》，人民出版社1985年版，第356-357页。

何香凝见到了宋庆龄和孙中山后，着手去找丈夫廖仲恺。在廖仲恺被囚后第十天，何香凝来到了戒备森严的兵工厂。看到丈夫身上锁着三道沉重的铁链，衣服汗污不堪，人瘦得皮包骨，何香凝极为伤心。何香凝奔走营救，四处碰壁，期间又患上痢疾，后病情加重，不得不住进医院。但就在住院期间又听到陈炯明要杀害廖仲恺的消息，便不顾病体四处奔跑。当何香凝第三次去看丈夫的时候，廖仲恺也已经知道自己时间不多了，递给妻子两首诀别诗：给何香凝写的《留诀内子》和给子女写的《诀醒女、承儿》。诗稿显示出他以身殉国、视死如归的气概，对子女的期待和对妻子何香凝的信任，托付"后事凭君独任劳，莫教辜负女中豪"。①

1922 年 8 月 17 日，在粤军任职的日本留学同学龙荣轩探望何香凝，透露陈炯明将于次日在广州白云山粤军司令部召开军事会议。何香凝认为，只有冒险见到陈炯明才能解救丈夫廖仲恺。何香凝孤注一掷向龙荣轩提出搭乘他的汽车赴白云山面见陈炯明。8 月 18 日上午，天气闷热而阴霾。汽车行至白云山下时，何香凝为不使龙荣轩无辜受累，便下车步行上山。当时，阴云密布大雨将至，何香凝急切地向山上爬行，只行至半途，瓢泼大雨落下。何香凝顾不得风吹雨淋，摔了跤爬起来又继续前进，独闯陈炯明的司令部。到达时，陈炯明的军事会议已经开始。何香凝的突然出现使会场一下安静下来，众人惊愕、诧异。惊讶之余，陈炯明连忙离开座位，边走边向何香凝打招呼，并亲自搬了一张藤椅请何香凝坐下休息，还斟了一杯白兰地客客气气地递到何香凝手里说："廖夫人，你身上衣服湿了，喝点酒吧，不然要受寒。"何香凝也不拒绝，也不道谢，接过酒杯一

---

① 廖仲恺：《留诀内子二首》，载尚明轩、余炎光编：《双清文集》下卷，人民出版社 1985 年版，第 398 页。

饮而尽。陈炯明假惺惺地献殷勤说："廖夫人，叶举有家眷在此，你换一件干衣服吧。"何香凝怒不可遏，当着全体军官的面大声地说："雨湿有什么要紧，我今次来，还打算血湿呢！"何香凝痛斥陈炯明对孙中山、丈夫廖仲恺恩将仇报的无耻行为，悲愤道："我问你，仲恺有什么对不起你？你们说仲恺帮孙先生筹款，要把孙先生的荷包锁起来，就囚禁了仲恺。但仲恺何尝不在民国九年之时帮助你们呢？你们在漳州两年多，把孙先生在上海莫利爱路的房子抵押了两次来帮助你们的不也是仲恺吗？难道只有帮助你们才对，帮助孙先生就不对了吗？同样都要帮助，帮助孙先生更要紧，我们没有对不起你……我今来到……你把我砍成肉酱我也不怕。仲恺是杀是放，你今天一定要回答我。"

在何香凝的一身浩然正气的追问下，陈炯明理屈词穷，一时答不上来。他一面出示一份电报，佯说这全是误会，囚禁廖仲恺是部下背着他干的，他自己什么也不知道；一面又故意在便笺上写了一张条子，交给何香凝让龙荣轩带着她去石井兵工厂把廖仲恺押上白云山来，以此搪塞应付。何香凝敏锐地识破了陈炯明的阴谋诡计，立即予以揭露。何香凝把陈炯明写的条子当场掷还，愤怒地说："我今天来，是没有打算回去的。人死有重于泰山，有轻于鸿毛，你们就是把我斩成肉酱，我也不怕。今天我死虽然轻于鸿毛，但我相信将来会有价值的。对于仲恺，我也不一定要你们放他，但是，我一定要你们今天给我一个决断的答复，就是放他或者杀他。"又说："你做事要磊磊落落，要杀仲恺就随你的便，要放他就叫他和我一同回家，不要押到白云山来，押上白云山是明放暗杀！"①

----

① 何香凝：《忆孙中山广州蒙难》，载尚明轩、余炎光编：《双清文集》，人民出版社1985年版，第356—357页。

何香凝的这一番话，把陈炯明逼得无法应对。陈炯明顾忌廖仲恺的声望，怕贸然杀害失去众望，最后鉴于孙中山当下孤立无援，离开广州回到上海，廖仲恺孤掌难鸣，成不了什么大气候。陈炯明自知理屈，又知道自己的部下都对廖仲恺有好感，踌躇再三，勉强同意释放，命令龙荣轩、缪培南陪同何香凝赴石井兵工厂，把廖仲恺释放送回家去。

何香凝从石井兵工厂救出丈夫廖仲恺回到家中已是深夜。何香凝担心陈炯明后悔变卦，提出危险还未完全解除，主张立即离开广州到香港去。而丈夫廖仲恺却不同意这个意见，他首先考虑的仍然是事业，那就是如何恢复遭到陈炯明部队抢掠破坏的执信学校。何香凝说："只要留有生命，回来可以再办学校的。"于是，8月19日凌晨3时，廖仲恺、何香凝夫妇相偕离开家门，一同登船前往香港。果不出所料，上午10时陈炯明又派士兵赶来抓人，结果扑了个空。廖仲恺、何香凝夫妇脱险后，辗转走避香港，直奔上海，与孙中山夫妇会合。何香凝的凛然正气和英勇机智，使丈夫廖仲恺幸免于难。

3

协助改组 再赴革命

孙中山历经"二次革命"和护法运动的失败，又遭遇自己一手扶持的陈炯明叛乱，革命事业处于最低谷。但孙中山毫不气馁，仍以坚韧不拔的毅力，继续为谋求中国的政治出路而奋斗，在斗争中寻求救国真理。俄国的十月革命和五四运动给了孙中山很大的启示。孙中山从十月革命中，看到了"人类中的大希望"；从五四运动中，看到了人民联合斗争所获得的"绝伦之巨果"。他决定重整旗鼓，再造新民国。1919 年 10 月，孙中山将中华革命党改组为中国国民党，以"巩固共和，实行三民主义"为政治纲领，改变了中华革命党"实行民权、民生两主义"的政治纲领，在反对帝国主义侵略的意义上恢复了民族主义。孙中山在陈炯明叛变和第二次护法运动失败后，深切地认识到不能"单独倚靠兵力"，而要依靠党的力量。但当时的国民党，党员构成"非常复杂"，"大多数党员"都是以加入国民党为"做官的终南捷径"。孙中山痛感这个党有彻底改造之必要。正是在孙中山急需帮助的情况下，列宁领导的苏俄政府、共产国际和中国共产党向孙中山伸出了援助之手。孙中山接受苏俄政府、共产国际和中国共产党的帮助，开始了对中国出路的新探索。

早在 1918 年夏，孙中山和列宁领导的苏俄政府就有了函电来往。此后共产国际远东局负责人魏金斯基、共产国际代表马林、少共国际代表达林先后与孙中山会晤，建议他加强同苏俄的联系，并同中国共产党结成民主联合战线。陈炯明的叛变事件，推进了孙中山与苏俄的关系。事件发生后孙中山向达林表示，他已深信"中国革命的唯一实际的真诚的朋友是苏俄"。与此同时，中国共产党通过发表对时局的主张，赞扬了国民党在中国现存政党中"是革命民主派"。

1920年春，在上海的廖仲恺、何香凝夫妇和朱执信开始与苏俄有关人士接触，并在孙中山领导下组织了俄文学习班，准备学习和研究列宁的革命理论。何香凝追忆说："是在俄国十月革命之后，记得是在驱逐莫荣新、陆荣廷等之前三四个月，朱执信未遇难半年之前，孙先生就要派廖先生、朱执信先生、李章达先生、蒋介石先生到俄国去。当时他们请一个俄国人在我家里教俄文，廖先生因为事忙，学了几次便不能继续了，朱执信先生、李章达先生两人学得就很专心，那时梦醒和陈璧君，也都跟着一起学过的呢。"①

当时，廖仲恺、何香凝夫妇将视线转向震动世界的伟大事件——十月革命和五四运动。他们通过各种渠道努力了解苏俄革命的成就和中国共产主义者的情况。以后，又在广州护法军政府重建时，通过与担任广东省教育厅长的陈独秀、苏俄代表和俄语教师直接的会见与接触，了解新生的共产主义政权和马克思列宁主义，从而萌发了学习苏俄、改造国民党的想法。正是在这个基础上，当孙中山实现他一生中的伟大转变，踏上新的革命征途时，廖仲恺、何香凝夫妇成为最积极的支持者与战友，有力地帮助他完成了这个伟大的转变。

1922年8月19日，从陈炯明叛乱中脱险的廖仲恺、何香凝夫妇到达

---

① 何香凝：《改组国民党的前后回忆》，载尚明轩、余炎光编：《双清文集》，人民出版社1985年版，第363–364页。

香港。他们决心继续革命战斗，立即搭船前往上海，与孙中山会合。当廖仲恺、何香凝夫妇到达上海时，正值孙中山先后会晤中国共产党领导人李大钊和苏俄使节越飞、代表马林之时。孙中山欢迎苏俄的无私帮助，接受马林提出的把工作重点转移到开展工农反帝群众运动等建议，加快了联俄的步伐，并决定从中国共产党中吸收"新鲜血液"，要求共产党人加入国民党，来帮助国民党进行改组。孙中山改组国民党的主张，得到一部分国民党人的拥护，但却遭到了国民党内部右翼势力的坚决反对。刚抵达上海的廖仲恺、何香凝夫妇，力排反对者的议论，完全赞同改组的意见，他们立即投身到孙中山领导的改组筹备工作中，成为孙中山改组国民党最为得力的助手。1922 年年底，孙中山在苏俄和新生的中国共产党帮助下，放弃了对帝国主义和封建军阀的幻想，决定采取"联俄、联共、扶助农工"的政策。廖仲恺、何香凝夫妇坚决地支持孙中山的新三民主义，并与他并肩前进，竭力协助他冲破重重阻力，排除万难，去进行对国民党的改组工作。

1922 年 10 月，孙中山将驻扎在福建的北伐军名为讨贼军。1923 年年初，孙中山通电讨陈。在讨贼军的攻击下，陈炯明迅速溃败，从广州退守高州。2 月，孙中山返回广州，再次在广州建立政权，成立大元帅府，任陆海军大元帅。此后，孙中山在共产国际的帮助下，走上了与中国共产党共同革命的道路。1924 年 1 月，孙中山在广州召开了国民党第一次全国代表大会，通过了以反帝反封建为主要内容的"一大宣言"，重新解释了三民主义，把旧三民主义发展为新三民主义。何香凝是孙中山指定的三名女代表之一。何香凝和丈夫廖仲恺一道成长为坚定的国民党左派，成为和中国共产党携手合作的亲密朋友。

4
妇女领袖 运动先驱

何香凝是国民革命失败以前中国妇女运动的领袖，在国民党妇女运动史上具有开创性的重要地位。她与宋庆龄一起开启了中国现代妇女工作的新篇章。何香凝领导国民党中央妇女部和广东省党部妇女部的工作，长期担任的职务是中央妇女部代理部长。何香凝与宋庆龄一起配合，相互礼让、互帮互助，共同领导了 1924—1927 年的妇女运动。

1924 年 1 月，国民党第一次全国代表大会在广州召开。大会代表分两部分，一部分由各省国民党支部选出，一部分由孙中山指派。在 197 名代表中，孙中山亲自指派了何香凝、陈璧君、唐允恭三名女性代表。在国民党"一大"上，作为妇女代表，何香凝为提高妇女地位、争取男女平等做了不少努力。何香凝在会上提出"妇女在法律上、经济上、教育上一律平等"的议案和"党中央组织妇女部"，前者获大会通讨，后者于 1 月 31 日，国民党中央执行委员会根据她的提案决定设立中央妇女部。

此后，何香凝借鉴西方国家的妇女运动经验，利用政府力量开展妇女工作。有一次，何香凝与苏联顾问鲍罗廷夫人谈起了妇女运动前辈蔡特金和三八妇女节，于是何香凝为了进一步开展妇女运动，有了在广州举行一次三八妇女节庆祝大会的想法。2 月下旬，国民党中央妇女部召开干部会议时，何香凝提出了组织广大劳动妇女纪念三八国际妇女节，借以宣传妇女解放的建议，获得与会者的一致赞同。会议决定："由妇女部出面发起集会和举行游行示威活动，'以警醒妇女群众，使同趋于联合奋斗之一途'。"何香凝承担了纪念活动的筹备事宜。为了使妇女界增强对三八国际妇女节来历和意义的了解，激发女同胞参加庆祝活动的积极性，何香凝还在执信学校组织了一次演讲，动员丈夫廖仲恺作了题为《国际妇女节之性质》的演讲。3月5日，经过何香凝等人的精心筹备，广州各界妇女代表数百人在执信学校大礼堂召开了三八妇女节纪念活动筹备大会，代表们推选何香凝为会议主席。

3月8日，中国第一个三八妇女节纪念大会在广州第一公园召开，中国妇女在广州第一次热烈庆祝自己的节日。各校女生、各妇女团体和女工2000余人陆续集中在广州第一公园，11时正式开会，何香凝作为中央妇女部部长主持大会并作演讲。何香凝讲述了纪念"三八"国际妇女节的意义，阐述了妇女所受的沉重压迫并剖析根源，号召妇女联合起来参加打倒帝国主义和封建主义的革命斗争，争取民族的解放和妇女自身的解放。大会提出了"打倒封建主义、打倒帝国主义，争取妇女解放"的响亮口号，要求妇女的劳动平等权、教育平等权、工作权、参政权，并提出要保护儿童、保护孕妇，革除童养媳和多妻制，禁止蓄婢纳妾，禁止娼妓、制定儿童保护法等。会后举行了游行示威，她们排着队从第一公园出发，经过吉祥路到省政府公署，由广仁路到财政厅前，由永汉路长堤转入太平路、一德路、维新路，然后回到第一公园，最后自由散会。同时还组织了27个演讲队，分赴市内市郊工厂、剧场演讲，启迪妇女大众之觉悟。另外还有一部分妇女乘坐汽车游行，沿途演讲和散发传单，宣传三八国际妇女节和妇女解放的重要意义，轰动了广州街头。

何香凝倡导和具体筹备组织的此次纪念三八国际妇女节大会，是中国妇女第一次参加三八妇女节运动，在中国妇女运动史上具有非常重要的地位，开创了一个新纪元，不仅为中国妇女争得了第一次庆祝自己节日的权利，而且体现了革命妇女力量的大联合，成为首次国共合作时期国共两党结成妇女统一战线的标志。大会所提出的口号和要求，反映了妇女的强烈愿望，激励着广大妇女为谋求自身解放而斗争。此后，中国广大妇女开始认识了国民革命，她们不但高呼"打倒帝国主义及封建军阀"的口号，而且参加到革命的实际行动中，这与何香凝的贡献是分不开的。1949 年 12 月，中央人民政府政务院规定每年 3 月 8 日为妇女节。

此外，何香凝还通过开设贫民生产医院、开办妇女劳动学校等方式来解决劳动妇女的切身困难。1924 年 3 月 21 日，何香凝在国民党中央妇女部党员大会上提议设立"贫妇生产保护医院"，以救济贫苦产妇。获得通过后，何香凝主动承担起筹备医院的任务。除了向各党政机关及海外华侨募捐，还联合广州一些戏班、剧社发起义演募捐活动，筹募款项。6 月 18 日，医院成立，定名"中国国民党党立贫民生产医院"，何香凝不辞辛劳，一度亲自操持院务。医院对贫民免收医药费，为贫苦群众带来了实实在在的优惠。为提高女子文化水平，1924 年 3 月何香凝向中央妇女部提议设立妇女劳工学校。经过筹备，在广州设立了三所学校，吸收了近 500 名女工人入校学习。

8 月，曾醒辞去国民党中央妇女部部长一职，8 月 7 日经国民党中央执行委员会会议确定由廖冰筠补任。但廖冰筠随后也提出辞职，8 月 14 日国民党中央执行委员会会议又决议"推何香凝同志代理"。以后，何香凝成为实至名归的国民党妇女运动领袖。何香凝担任妇女部部长，标志着国民党中央妇女部工作重心的转变。中央妇女部成立之初，部长由广东执信学校校长曾醒担任，秘书为广州女子师范学校校长廖冰筠，助理是广东妇女织袜工会会长唐允恭。从国民党中央对中央妇女部的领导任命来看，此时设想的妇女运动主力是知识女性，尤其是女学生。曾醒、廖冰筠都是当时广东妇女界的精英，是知识女性的代表，也都是知名女校的校长，因而担任妇女部主要领导。妇女部领导中来自工人阶层者仅有一人，即妇女部助理唐允恭，为广东妇女织袜工会会长。妇女部领导层的构成意味着工作重点难免偏向知识女性，对劳动妇女则相对忽视。知识女性是妇女界的佼佼者和先知先觉者，西方女权运动的发展乃至晚清民初中国妇女的觉醒，知识女性都是发起者和主要参与者。国民大革命妇女运动的理念更多地借鉴苏联模式，苏联妇女运动是无产阶级妇女运动，劳动妇女是其主力。在近代中国，知识女性的数量很少，她们有可能担当国民革命妇女运动发起者，但绝不应成为主力，运动的主要参加者应当是劳动妇女。

何香凝一开始就把握住了国民革命妇女运动的特质。何香凝对妇女运动的认识受苏联因素的影响很大，所从事的诸如创办医院、劳工学校等活动，均着眼于帮助劳动妇女，解决实际困难。更重要的是，作为一个资深的革命者，何香凝时刻不忘将妇女运动与国民革命联系在一起。她在贫民生产医院开幕典礼上，就将救济贫苦产妇与"救活"中国联系在一起，称："此次创办斯院二大目的：一、救济贫苦产妇；二、中国现状如临产之贫妇，需救活，联合同志去医国。"[1]虽然何香凝最早的妇女解放观念来自西方女权思想，但是当国民党决定发起有组织的妇女运动后，她便能够迅速地从国民革命的视野去理解妇女运动，予以理论阐释并加以推动。何香

---

[1] 《贫民医院开幕》,《广州民国日报》, 1924 年 6 月 20 日。

凝坚持妇女解放的目标必须经由国民革命才能达成，呼吁妇女同胞投身到国民革命的洪流中，谋求国家的解放和自身的解放。何香凝在《国民革命是妇女唯一的生路》一文中，认为"近来一般妇女只知道谋振兴女权，谋女子独立，殊不知国权已经失去，女权更何由振兴"，"不先救国，还想自救"，"舍本求末，劳而无功"，认为"要求妇女解放，必先从事国民革命"。何香凝指出"努力国民革命工作"是"妇女唯一的生路"，并认为"有知识的女子占全数极少数"，妇女解放"不可单靠少数有知识妇女，必定要与大多数的农工妇女联合起来，带领她们，开发她们，使她们了解中国现在的情形，及妇女现在的地位，唤起她们的爱国心，激发她们的革命性，使她们和我们同立于同一战线之上，以完成革命工作。"①

　　直到 1927 年大革命失败，何香凝都是南方革命政府妇女运动的领袖，在国民党妇女运动史上书写了浓墨重彩的一笔。她发起的妇女运动，教育了广大中国妇女认识自己的处境与权利，让无数女性走出家门，认识和参与社会活动，意识到自己的独立地位和社会责任，把占中国人口半数的妇女的力量汇集到国民革命的旗帜下，为革命的发展贡献了重要的力量。

---

　　① 何香凝:《国民革命是妇女唯一的生活》，载尚明轩、余炎光编:《双清文集》下卷，人民出版社 1985 年版，第 37 页。

5
逆境相扶　共助革命

1924 年，第二次直奉战争爆发。10 月 23 日，冯玉祥发动北京政变，26 日电邀孙中山北上共商国是。孙中山不顾个人安危，决定接受邀请，于 12 月 31 日抵达北京。在国共两党大力推动下，全国很快掀起促成国民会议运动的高潮。广州、上海、北京、天津、武汉、济南、南京、徐州、张家口等地的人民团体，纷纷发表通电，拥护召开国民会议。上海、北京还成立了"妇女界国民会议促成会"。面对声势浩大的群众运动，北洋军阀政府极力用善后会议来抵制国民会议。1924 年 12 月 24 日段祺瑞政府公布了《善后会议条例》，规定善后会议由四种人员组成：一为"有大功勋于国家者"；二为"此次讨伐贿选制止内乱各军最高首领"；三为"各省区及蒙、藏、青海军民长官"；四为"有特殊之资望学术经验由临时执政聘请或派充者，但不得逾三十人"。根据这样的规定和段祺瑞政府所发出的邀请名单，能够参加这个会议的，除孙中山等少数人外，绝大多数都是军阀、官僚和附属于他们的知识分子。这同中国共产党和孙中山关于国民会议的主张是完全对立的。面对北洋军阀继续维护反动统治的图谋，孙中山进行了坚决的、长期的艰苦斗争，终使其积劳成疾。

1925 年 2 月，孙中山病重住院。获悉孙中山患病的消息，廖仲恺准备北上侍病，孙中山以"广东不可一日无仲恺"，复电阻止。于是，廖仲恺便决定由何香凝"到北京去帮忙"。临行前，廖仲恺对何香凝说："孙先生的病恐怕难治了，孙夫人很忙，我现在因党务、政事、军需都不得脱身，第一次东征军事行动，都要我亲自处理，不如你到北京去帮忙一下吧。"何香凝本来也很关心孙中山的病情，便一人到了北京。这时孙中山已病危，从协和医院移居铁狮子胡同行馆，何香凝每日陪宋庆龄随侍于病榻旁，护理照料。这样，何香凝不仅亲历了孙中山病逝前后的全过程，更作为孙中山遗嘱的见证人，以其独有的智慧和冷静保证遗嘱的签字，而且得以亲耳聆听孙中山临终前的嘱托。3月12日上午9时，孙中山逝世。

何香凝在北京协助宋庆龄处理丧葬事宜，一个月后又陪着宋庆龄南下上海，并至南京紫金山勘察墓地，之后再次返回上海。在南京、上海等地时，何香凝经常代表处于悲伤之中的宋庆龄接见来访者，参加各种群众悼念活动和党员慰问活动。在各种公开场合的演讲中，何香凝深情地表达了对孙中山的怀念和对宋庆龄的敬佩之情。宋庆龄返回上海家中不久，何香凝就孤身返回了广州。在宋庆龄人生中最艰难的几个月里面，何香凝一直陪伴在她的身边，给予了远超同志之谊的友情和支持。

然而不曾想到的是，半年后，何香凝就遭遇了同样的人生困境。孙中山逝世后，国民党内部右派势力日益公开化，共产党和国民党左派同右派的矛盾逐渐尖锐起来。何香凝的丈夫廖仲恺曾积极协助孙中山改组国民党，坚决拥护孙中山的"联俄、联共、扶助农工"的三大政策。国民党改组后，先后担任国民党中央常务委员、工人部长、黄埔军校党代表、国民政府常务委员、财政部长、军事委员会常务委员等重要职务。他为实现国共合作、建立黄埔军校，统一广东作出了重大贡献，是坚定的国民党左派。因此就成了国民党右派分子集中攻击的目标。

从1925年7月初起，一些右派分子多次开会，密谋反对廖仲恺。当时国民党右派阴谋杀害廖仲恺的迹象已经显露，廖仲恺遇害前两个星期，社会上就有不少谣传，如，某人对某人如何不满，某派对某派如何批评，某某人等已被列入杀害名单，等等。当时谣言四起，但廖仲恺表现出无私无畏的革命精神，继续勤恳工作。甚至当听敌人要用机枪实行暗杀活动，他一笑置之，戏言说："暗杀用手枪炸弹是常听见的，若是用机关枪，却新鲜得很！"

何香凝深感问题的严重，便同丈夫廖仲恺商量说："既然有人谋算行刺，你可该多加两个卫兵防备一下才是。"丈夫廖仲恺对何香凝的劝告不以为然地回答说："增加卫兵，只好捉拿刺客，并不能阻挡他们行凶。我是天天到工会、农会、学生会等团体去开会或演说的，而且一天到晚要跑几个地方，他们想要谋杀我，很可以装扮着工人、农民或学生模样，混入群众中间下手的。我生平为人做事，凭良心，自问没有对不起党、对不起国家、对不起民众的地方。中国不联俄、联共，就没有出路。他们如果安心想来暗杀，防备也是没有用处的。总之，生死由他去，革命我总是不能松懈一步的。"无奈之下，何香凝含着眼泪要求与丈夫合拍一张照片，以防万一，留作纪念。没想到距孙中山先生逝世仅5个月，敌人就向廖仲恺下了毒手。

8月20日上午，廖仲恺、何香凝夫妇去国民党总部参加重要会议，他们自东山寓所驱车到国民党中央党部，途中遇见国民政府监察院委员、《广州民国日报》编辑陈秋霖，便载其同车而行。根据史料记载，一路跟踪廖仲恺的刺客有40余人，他们布置在整条街上，躲在巷子里，在平时警卫森严的中央党部部门内，也潜伏有刺客数人。当汽车开到中央党部大门前下车后，何香凝被妇女部一名女同志叫住谈话，廖仲恺和陈秋霖即向大门走去，在门前登至第三级石阶时，突然从骑楼下跳出两名暴徒，向廖仲恺开枪射击，大门铁栅内也有暴徒同时发枪，共射 20 余发。廖仲恺身中数弹，当场仰面倒地，不能作声。同行的陈秋霖也被射中一枪，带伤倒在地上。这时已登上台阶的随行卫士闻枪声转回头，举枪向凶手追击，击伤擒获凶手陈顺，其余凶手逃走。何香凝和刘家桐将廖仲恺和陈秋霖架上汽车，送往东门外百子路的广东大学公立医院抢救。当汽车 10 时 15 分抵达医院时，廖仲恺已在途中伤重牺牲，年仅 48 岁；受重伤的陈秋霖在 22 日也不幸身亡。在医院，何香凝向丈夫廖仲恺遗体告别说："我知道，你最担心的是三大政策不能顺利执行。我一定要继承你的遗志，把你的工作接收过来，一定把它实现。"葬礼结束后，何香凝又把出殡行列前头的大横幅"精神不死"挂在家门口，决心"苟利于国，则吾举家以殉，亦所不惜"。

宋庆龄在上海惊闻噩耗，特地致电何香凝吊唁，电文称："元良遽丧，吾党损失甚巨，实深痛切，家母亦深哀悼。但先生为党牺牲，精神尚在，吾辈宜勉承先志竭力进行……务希各同志扶助本党，积极进行，万勿因此挫折。"言虽简短，但内涵丰富，不但痛悼了廖仲恺的逝世，表达了对国民革命事业前途的担忧，更勉励何香凝化悲痛为力量，和她一同继承先志，继续为革命奋斗。

刺杀廖仲恺，是国民党右派打击左派、反对国共合作的一个重要举动，中共中央致电国民党中央吊唁廖仲恺，指出反革命派刺廖仲恺的目的，是要"推翻国民政府，颠覆为民族民众利益而奋斗的政府"。唁电希望"用果决奋勇的精神扑灭反革命派，努力与帝国主义者奋斗，巩固国民革命的势力"。廖仲恺被刺后，设立了审理廖案特别法庭，逮捕了廖案嫌疑人。在处理廖案过程中，一方面打击了右派势力，但另一方面却让蒋介石乘机夺取了广东的军政实权。廖仲恺遇刺的当天，国民党中央、国民政府和军事委员会举行联席会议，决定由汪精卫、许崇智、蒋介石组织特别委员会，授以政治军事及警察全权，应付时局。8月24日，蒋介石担任广州卫戍司令。26日，国民政府编组国民革命军，蒋介石又担任了第一军军长。同时，他利用革命派对右派的愤恨情绪，借追查廖案的机会，把与廖案有牵连的地位比他高的胡汉民（国民政府外交部长，曾代理大元帅兼广东省省长）和许崇智（军政部长兼粤军司令）排挤出广州。蒋介石在国民党中的地位大大提高。同时汪精卫的职位也得到提高，接替廖仲恺做了党军和黄埔军校的党代表，取代胡汉民做了中央政治委员会主席。

1925年8月27日，距廖仲恺牺牲只一周，何香凝在广州召开的省港罢工工人第十八次代表大会上就大声疾呼："共产党与国民党根本的主张，或有多少出入，而现在则莫不是致力于民族革命，有携手的必要。"并说："平心论之，共产党之主旨，是要使一般无产阶级得到解放，不可谓不公平，实胜于不顾民众艰苦自私自利的资本家万倍。"她还申明自己和廖仲恺也都是国民党员，但是"因为本党是主张打倒帝国主义，共产党的主张也是打倒帝国主义……想要打倒帝国主义，非与共产党亲善不可，更非注意于最有革命力量的工农阶级不可'"。1926年1月，在国民党第二次全国代表大会上，她痛斥西山会议派破坏三大政策的罪恶行径。她还对黄埔军校学生谆谆教导说：既然"承认总理（按：即孙中山）容纳共产党加入国民党，共产党即是我们的朋友……我希望大家不要歧视共产党，我们要同他们共同奋斗，向敌人进攻，完成国民革命"。何香凝坚定地表示要同共产党人联合，巩固与发展孙中山倡导的国共合作主张。

孙中山、廖仲恺逝世后，何香凝与宋庆龄在国民大革命中成长为中国杰出的妇女运动领导者，在风云激荡的年代，她们以革命利益为重，克己奉公，任劳任怨，在当年的国民党中央妇女部部长人选问题上，相互谦让，为历史留下了一段佳话。

早在1924年国民党实行改组后，中央妇女部成立，曾醒任部长，继任者为廖冰筠。何香凝是在1924年8月国民党中央执行委员会第51次会议后出任中央妇女部部长的。此前何香凝即曾协助曾醒、廖冰筠从事实际工作，担任部长后更独当一面地担负起妇女部的重担。何香凝动员和引导妇女界开展了一系列活动：组织了中国首次庆祝三八节活动；提议"设立妇女运动讲习所"；筹办"贫民生产医院"，以及开办妇女学校、合作社等各种福利事业；发动广东妇女参加国民会议运动；支持省港大罢工，等等。

1925年3月12日，孙中山逝世，在悲痛地办理后事的日子里，何香凝寸步不离地陪伴着宋庆龄。6月18日，时任国民党中央妇女部部长的何香凝，致函国民党中央执行委员会，恳请辞去妇女部部长一职，并推荐由宋庆龄接任。何香凝在信函中写道："香凝猥以菲才，谬承委为妇女部部长。窃自去年八月就事以来，忝尸此席，成绩毫无，抚躬自问，良用惶恐抱惭。与其尸位素餐，何如退让贤者？"接着称赞宋庆龄"学问贯中西，阅历经验广"，由宋庆龄任妇女部部长，不仅"藉其声望，党务可发展"，而且"造福女界，正未有涯"。此外，又特别强调说："且孙夫人独居沪上，过于寂寥。"因而请求以中央执行委员会名义，请宋庆龄回粤，任妇女部部长。何香凝在信中最后表示："凝虽辞去职守，但必勉竭绵薄，随孙夫人为党为妇女界服务也。"

当天，国民党中央执行委员会召开第88次会议，讨论通过何香凝"让贤"之提议。23日，国民党中央执行委员会由廖仲恺、邹鲁、汪精卫三人联名致函给在上海的宋庆龄，告以中央通过请其出任妇女部部长的决议。

但宋庆龄并没有如国民党中央执行委员会期望的"慨允担任"。一方面，因为宋庆龄在孙中山病逝后心绪尚处于极度哀痛中；另一方面，宋庆龄更不愿取代何香凝之妇女部部长职务。

正当何香凝为了消解宋庆龄丧夫之痛，而力请宋庆龄接替妇女部部长时，廖仲恺于8月20日突遭反动分子暗杀身亡，噩耗传到上海，宋庆龄原本打算"赴粤亲致祭奠，惟因事所羁，不克如愿"。宋庆龄给何香凝发唁电，沉痛表示："惊闻仲恺先生哀耗，元良遽丧，吾党损失甚巨，实深痛切。"同时慰勉说廖仲恺"为党牺牲，精神尚在高风亮节，吾辈宜勉承先志，竭力进行"，殷切期望"各同志扶助本党，积极进行，万勿因此挫折"。

1926年1月，宋庆龄决定抱病前往广州，出席国民党第二次全国代表大会。抵达广州当晚即与何香凝见面，二人"相对而泣，在旁者亦多下泪"。同志厚谊，流露无遗。本次大会上，宋庆龄与何香凝、邓颖超一起被推举为妇女运动报告审查委员会委员，并以高票当选为国民党中央执行委员，进入国民党的权力核心。

何香凝和宋庆龄满怀热情地关注、支持和指导着妇女运动的发展，一如既往地战斗在妇女运动的最前线。1月20日，国民党"二大"闭会第二天，宋庆龄出席由何香凝组织的国民党中央妇女部、广东省党部妇女部、广州市党部妇女部及广东妇女解放协会、执信学校、省立女子师范学校等妇女团体的欢迎大会，并发表讲话表示："第一次全国代表大会的出席女代表，只有二位，而且是先总理所指派的。现在第二次代表大会的女代表，人数已经增多几倍了。这可见得我们女子，已有多数的人，明白三民主义和知道国民革命是谋我国脱离帝国主义的压迫，及实现党纲第十二条'于法律上经济上社会上确认男女平等之原则，助进女权之发展'。"并激励大家为取得国民革命成功，要"齐领导妇女们向国民革命战线上走"。

随着北伐节节胜利，1926年12月底国民党中央和国民政府由广州移至武汉。1927年3月10日至17日，为应付革命运动面临的新形势，国民党召开第二届第三次全体中央执行委员会议。会上，宋庆龄当选为中央政治委员会委员、国民政府委员；何香凝被推举为妇女部部长。

会后不久，宋庆龄呈请国民党中央执行委员会，恳辞"中国国民党妇女党务训练班"主任职务。呈文称："训练班现开班已将两月，办理略具雏形，庆龄事颐才轻，身兼数职，思维再四，与其敷衍因循，贻误党国，不若及早引退，用让贤能。"4月8日，国民党中央执行委员会第二届常务委员会召开第六次扩大会议，"决议准照所请，并请其提委员名单"。

宋庆龄为开设妇女训练班曾倾注了大量的心血，辞职之真实用意是希望训练班改由中央妇女部直辖，即改由何香凝领导。宋庆龄建议调整妇女训练班的领导关系，"改由中央妇女部直辖"，认为唯有如此才能收集思广益之效，有利于推动妇女运动的发展。

宋庆龄辞职获准后，遵国民党中央执行委员会常务委员会意见，提名何香凝、孙科、陈公博、顾孟余、邓演达为妇女训练班委员。4月20日，经国民党中央执行委员会政治委员会第14次会议讨论，决议"该班管理改用委员制，委员人选交中央妇女部拟定，提出通过"。但何香凝复函国民党中央执行委员会政治委员会，不同意委员由妇女部拟定，而坚持"应由创办人孙夫人提出"。于是国民党中央执行委员会政治委员会在 4 月 25 日第 15 次会议上重新讨论,决议"由何部长及孙夫人会同商定提出"。随后,何香凝即与宋庆龄商定委员人选,并以中央妇女部名义致函向国民党中央执行委员会报告。函中说:"香凝现与孙夫人商妥,提出邓演达、顾孟余、孙哲生(孙科)、陈公博、孙夫人及香凝为该班委员,特呈钧会核夺。"还特别表示:"如孙夫人不允担任,香凝亦不敢负责也。"何香凝务实而不居名,亲自请辞中央妇女部部长职务,虚位以待宋庆龄,认为宋庆龄是部长更合适的人选,到坚持妇女训练班委员人选"应由创办人孙夫人提出",再到要求国民党中央必须同意宋庆龄为委员之一,充分表现了何香凝对宋庆龄的尊重。

何香凝与宋庆龄以革命利益为重,互谦互让、互帮互助,共同担起维护妇女利益,领导妇女运动的重任。

6

坚守信仰 左派战士

何香凝一生坚决捍卫孙中山在国民党"一大"上制定的新三民主义路线，被史学家誉为"国民党左派的旗帜"。孙中山和廖仲恺相继离世后，何香凝继承他们的遗志，继续自己的革命生涯。1925 年 10 月，何香凝当选国民党广东省党部执行委员。1926 年 1 月，在国民党"二大"上，何香凝与宋庆龄一同当选国民党中央执行委员会委员，进入国民党中央领导层。在其后召开的国民党二届中央执行委员、监察委员全体会议上，宋庆龄被推选为中央妇女部部长，实际仍由何香凝以代理部长身份主持工作。

孙中山逝世后到国民革命失败，国民党左派与右派围绕着"联俄、联共、扶助农工"等政策的较量一直没有停止。国民党"二大"是在左派主导下召开的，因而左派在国民党中央占据优势地位。但右派的势力也开始集结，对左派发起进攻。北伐前，国民党内发生了具有明显反共倾向的三大事件，即西山会议、中山舰事件、整理党务案。

1925 年 11 月 23 日，国民党中央执行委员和监察委员邹鲁、张继、居正等十余人在孙中山先生停灵的北京西山碧云寺，召开所谓的国民党一届四中全会，通过"取消共产党在本党党籍""开除中央执行委员之共产党员李大钊"等议案，公然试图分裂国民党，推翻国民党"一大"确立的革命路线。何香凝对西山会议派的行为痛加谴责，对国民党中央领导层处置西山会议派的宽松举措不满，认为"党的纪律所以不严明，就是因为去年西山会议的分子侵入，我们不能极力反对，所以把纪律乱了。"

1926 年 1 月召开的国民党第二次全国代表大会，共产党员吴玉章担任大会秘书长，并实际上主持会议。由于共产党和国民党左派代表占很大优势，这次大会决定进一步贯彻执行"联俄、联共、扶助农工"的三大政策，并给参加西山会议的右派分子以党纪制裁。在会后建立的国民党中央党部中，共产党几乎全部掌握了这些关键部门的领导权，担任了中央秘书处、组织部、宣传部、农民部的主要领导职务。何香凝在国民党"二大"上当选为中央执行委员，并继续担任妇女部部长。何香凝和宋庆龄、邓演达等国民党左派领袖，与共产党人站在一起，坚决执行三大政策，促使大会通过了《接受总理遗嘱决议》《弹劾西山会议决议案》，沉重打击了国民党右派势力。然而，在选举国民党中央执行委员、监察委员时，最终获选的 36 名国民党中央执行委员会委员中，共产党员仅有 7 名。而原本应开除国民党党籍的戴季陶等右派分子却当选为中央执行委员会委员，造成了右派势大、中派壮胆、左派孤立的局势。

随之而来的便是中山舰事件。1926 年 3 月 20 日，蒋介石以所谓的中山舰事件为借口，突然采取严重的反共行为：无中生有地说是汪精卫和共产党有阴谋，要用军舰来胁迫劫持他离开广东，并以此为借口，在广州实行紧急戒严，监视和软禁共产党人，解除省港罢工委员会工人纠察队的武装，等等。3 月 22 日，在高压和拉拢下，国民党中央政治委员会通过了由蒋介石提出的在黄埔军校和国民革命军第一军中排除共产党人的提案。

何香凝与蒋介石有不错的私交，听闻兵变的消息后，面对大是大非，她不顾情面，当面痛斥蒋介石违背孙中山的主张。何香凝后来回忆当时的情形说："我闻讯之下，甚为激愤。我觉得我应该担负起责任，澄清这次事件，解救苏联友人的包围，才可以对得起已死先烈孙中山先生和仲恺的志愿。当时全市武装戒严，断绝市内交通，我又没有口令，但是还是冒着万难，几次以大义和真理说通了岗哨的盘问，最后才见着蒋介石。我流着泪骂他：'总理死后，骨尚未寒，仲恺死后，血也未干，你不想想，苏联对我们帮助很大，只有苏联，才可以帮助打通中国将来革命的出路前途，你昨夜那样对待苏联人，太背信弃义了。以怨报德，造背了孙先生的主张，使革命前途衰落，你将何以面对孙先生？'"①

在何香凝的坚持下，蒋介石被迫跟她同至汪精卫住处商议解决事件的办法。在汪精卫处，蒋介石、汪精卫、谭延闿、朱培德、邓演达等人沉默不语，又是何香凝以"昨天所做，是错了！但可以改过的"一语打破僵局，迫使蒋介石承认错误，将包围苏联顾问办事处和住宅的军队全部撤退。当时，汪精卫是以国民党左派的面貌出现，中山舰事件使蒋介石借机打压了汪精卫的党内地位，汪精卫被迫离职出国。蒋介石在达到自己的政治目的后，同时迫于何香凝等国民党左派的力量而主动收手。

一波未平，一波又起。5月15日，蒋介石在国民党二届二中全会上，借口改善国共两党的关系，避免共产党员在国民党内担任重要职务引起"党内纠纷"，找出一个"清除误会的具体的办法"，提出了所谓《整理党务决议案》。《整理党务决议案》遭到了何香凝、宋美龄、柳亚子等国民党左派人士的抨击，遗憾的是，这个限制共产党活动的提案，事先取得了鲍罗廷的同意。鲍罗廷以避免国共破裂和让共产党留在国民党内为由，同张国焘决定要大家签字接受。国民党左派寡不敌众，《整理党务决议案》被

---

① 何香凝：《自传初稿》，载尚明轩、余炎光编：《双清文集》下卷，人民出版社1985年版，第203页。

通过。何香凝悲愤之余，挺身而出，向右派提出强烈抗议，含泪痛斥提案违反孙中山先生的真意，谴责右派为达到自私自利的目的竟采取"反共、反对联俄，对工农不利的行为"。随后，担任国民党中央部长的共产党员全部被迫辞职。随后，蒋介石又当上国民革命军总司令、国民党中央常务委员会主席。蒋介石在北伐战争前不到半年的时间里，逐个夺取了多个重要阵地，加紧争夺领导权。革命阵营内部的危机日益加剧。

北伐开始后，国民党内左派与右派的斗争并未因战事而停止，何香凝与宋庆龄等人竭力防止国民党的分裂，努力弥合蒋介石与国民党中央之间的分歧，以确保蒋介石领导下的军队服从国民党左派占优势的国民政府的领导。

11月16日，宋庆龄和孙科、徐谦、宋子文、陈友仁、顾孟余、鲍罗廷等60余人作为先遣人员，迁往武汉。随后，何香凝携女儿廖梦醒与彭泽民等人也启程取道江西北上。就在此时，蒋介石与武汉临时中央党政联席会议之间发生了迁都之争。蒋介石原本赞成迁都武汉，意在掌握党政军大权，但是武汉联席会议没有给他安排职位，招致其不满，转而图谋改都南昌，将国民党中央和国民政府置于其控制之下。何香凝等人行至南昌时，蒋介石便以欢迎的名义将她们安顿在南昌，本人还时常前去劝说，企图说服何香凝留在南昌。何香凝在江西对蒋介石的分裂行径展开了斗争。在南昌的国民党高层与武汉方面的代表在庐山召开会议，协调双方的立场。会议期间，何香凝与武汉去的邓演达、顾孟余等人联合对蒋介石进行了指责。据何香凝的女儿廖梦醒回忆："一到晚上，邓演达和顾孟余就跑到母亲的房间去谈论开会的事情。我躺在床角落听他们的谈论，从母亲的愤慨和邓演达的表情，知道在会议上，他们同蒋介石、黄郛等右派的斗争是多么的激烈。"此外，何香凝对"蒋在当时敢于歧视革命分子，甚至枪杀革命分子的叛行，表示十分不满"。她告诫蒋介石："将来总司令部门前定有很多反农工反共产党的人来保护，须知廖先生即为扶植农工运动而死，你千万勿被他们利用。"庐山会议后，蒋介石偕何香凝、彭泽民、顾孟余、加伦等于 1927 年 1 月 12 日乘船抵达武汉。不过，蒋介石此行的目的是与鲍罗廷、徐谦等晤谈，要求在武汉的中央委员和国民政府员迁赣。蒋介石目的没有达到，随即返回了南昌。

何香凝与蒋介石斗争的根本目的还是为了团结。廖仲恺遇刺后，何香凝将汪精卫与蒋介石的合作视为维系国民革命大局的关键，汪蒋合作因中山舰事件破裂后，何香凝一直致力于重建汪蒋合作的局面。3 月上旬，何香凝在一次讲话中说："我以为汪蒋二人乃是我国民党的柱石，中国前途比同一间大厦必要两根柱石才支持得住，少一便不成功的（我在去年联席会议之前几星期曾有信给蒋同志说过）。在联席会议之前蒋同志亦曾有电请汪同志回来，汪已回到中途，因病复发而中止。及我们由广东来南昌，我又极力对蒋同志说：'我们大家要努力革命才可以成功。'蒋同志极以为然，于是又电请汪同志销假。这些电都是由我手发的。"

4 月 12 日，蒋介石在上海发动反革命政变，大肆屠杀共产党员和工农群众，史称四一二反革命政变。当蒋介石屠杀工农群众的消息传到后，4 月 13 日，何香凝在国民党湖北省党部、汉口特别市党部发表演说时说："廖先生在时常说反农工即反革命，现在蒋介石居然反农工了，居然反革命了"，号召群众"照廖先生说的话，打倒这些反革命派"，直指蒋介石为反革命。4 月 17 日，武汉国民党中央免去蒋介石本兼各职，开除党籍。4 月 18 日，蒋介石在南京举行国民政府成立典礼，正式宣告与武汉国民政府分庭抗礼。4 月 22 日，何香凝、宋庆龄等 40 名国民党中央执行委员、候补委员、国民政府委员、军事委员会委员联名发表《讨蒋通电》，谴责蒋介石为"总理之叛徒，本党之败类，民众之蟊贼"。

　　蒋介石反革命后，起初还以"左"倾姿态出现的汪精卫不久也步蒋介石的后尘，踏上了分共、反革命的道路。7 月 15 日，武汉国民政府背弃三大政策，宣布分共，驱逐共产党人。在白色恐怖下，何香凝掩护和营救了大量的共产党人及工农群众。何香凝竭力反对蒋介石的"国民党特别委员会"，也拒绝加入汪精卫的"国民党改组同志会"。七一五政变后，何香凝陷入彷徨，她劝诫汪精卫不要屠杀共产党人，不久离开武汉，前往庐山暂住。三个月后，何香凝前往南京为廖仲恺墓地选址。在南京，何香凝拒绝了南京政府的拉拢，认为"革命的黄金时代已经过去"。何香凝曾出席国民党中央执行委员会会议，也短暂担任了妇女部部长，仍然试图扭转形势，继续孙中山的革命路线。直到最终看清国民党当局背离孙中山革命路线后，何香凝公开发表声明表明立场，宣布退出国民党中央，与南京政府划清界限。

7

创办学校　教育工农

何香凝的丈夫廖仲恺牺牲后，为了"纪念廖仲恺一生爱护工农、扶助农工的意志"，何香凝联合林伯渠、谭平山、邓青阳、郭威白等 8 人，向国民党中央呈交了一份纪念廖仲恺的提案，提出在广州中山路旁拨出一处空地建筑"仲恺纪念公园"，并在其内附设一所"农人工人学校"。

1925 年 10 月 15 日，中国国民党第一届中央委员会第 117 次会议一致通过《建立仲恺农工纪念学校案》。11 月 5 日，召开纪念廖仲恺先生筹备委员会首次会议，何香凝出席。会议决定将筹委会委员增至 23 人，除廖家亲属外，几乎全是国民党的党政军教方面的要人。

何香凝最初选定广州中山路旁的一处空地，作为建筑仲恺纪念公园和仲恺农工学校的地址。但因这块空地权属广九铁路局，与英国驻广州领事馆订有使用合约，广州国民政府遂出面与领事馆交涉，几经努力却未能赎回该地。于是，广州国民政府又拨西瓜园的一块公地，作为仲恺纪念公园及其纪念学校用地。筹委会认为此地面积有限，提出纪念公园建在广州东山地段，西瓜园则只可用于办学校。但由于时值第二次东征，陈炯明经费窘困，而东山地段征地困难，西瓜园一带又缺水，不适合办实验农场，用地之事迟迟没能落实。面对困难，何香凝誓要将学校办成，甚至一度打算将学校改为"私立仲恺农工学校"，卖画自筹经费办学。另一方面，何香凝一再往返于国府和省府间据理力争。后国民政府指拨广州河南石冲口一带的 250 多亩土地，作为仲恺农工学校之校园及实验农场用地，至此学校建设用地问题获得解决。

何香凝为筹措办学经费，亲自挥毫卖画，向社会各界名流、亲友和海外侨胞义卖募捐；成立校董会（聘许崇清为董事长），协助制定经费预算，向国民政府申请开办学校补助费。最终共筹得经费 11 万余元，其中国民政府补助 2 万元，其余均为社会各界捐助。

1926 年春，仲恺农工学校破土动工，何香凝聘请广州著名的建筑师设计、监督施工。1927 年 3 月 26 日，仲恺农工学校正式开学。何香凝亲自出任第一任校长，确定了"扶助农工"的办学理念，提出"不徒骛高深学理，而注重实验"，以培养具有真实学识之实业人才为目标。在长达 15 年的任期里，何香凝为该校的创办和发展倾注了心血，多方聘请师资，聚集了一些学者名流、蚕桑专家、农艺家，如杨邦杰、麦应瑞及朝鲜籍的桂应祥等到校任教。

廖仲恺生前主管财政，关注实业救国，特别挂念复兴桑蚕业。廖仲恺认为桑蚕业是中国的传统优势产业，虽然随着蚕种衰败，中国在与帝国主义国家竞争中处于落后的态势，但改良蚕种、复兴桑蚕业是国家实业振兴的突破口。因此，学校在办学经费紧张的情况下，决定只先设蚕桑一科，晚间则开设工人补习班，以期能使"吾国蚕业前途不至落后，经济方面或可挽回，是纪念仲恺先生，亦即救国之道也"。学校面向农工子弟招生，免收学费，并发放伙食补助。首招两个蚕丝班，学制 3 年；一个蚕丝实习班，学制 1 年，共计招生 98 人。

仲恺农工学校办学期间，培养了很多农工子弟。特别是蚕桑专业办得很有特色，学校蚕桑专业师生深入山区采摘野生桑叶养蚕，保育优良蚕种，培育杂交新品种，培育了不少有真才实学的人才，为振兴我国桑蚕业作出了历史贡献；1930年培养出了杂交新蚕种系列，被命名为"仲恺蚕种"，这种蚕种广受蚕丝界和蚕农的欢迎，后来推广到珠三角地区以至东南亚；在条件相当艰苦的情况下保存了各类优良蚕种100多个，为岭南蚕种研究和培育提供了丰富的蚕种资源。

抗日战争期间，学校场所遭到日军的霸占、改造与破坏，被迫辗转多地，但仍坚持办学。1937年9月从学校原址迁移至佛山南海县，1938年8月迁至中山县南屏乡，1940年2月又迁至澳门。1940年夏，广州日伪政府为粉饰太平，派人游说何香凝，企图让仲恺农工学校回广州原址办学，遭到何香凝怒斥拒绝。7月，在何香凝的指示下，仲恺农工学校毅然迁到粤北山区乐昌县西乡桂花村。在乐昌办学期间的实际负责人陈颂硕与专任教师陈鹿宾、黄作明、苏泽民、陈国栋等，都是早年日本帝国大学或早稻田大学留学生，他们认识并敬重何香凝，办学过程中全力贯彻何香凝提出的"从战斗中学习""注重实验""扶助农工"的办学思想，边宣传抗日边上课边劳动，还指导农民生产自救，多打粮食，支援抗日。就这样，曾流落澳门的师生以及在香港、韶关、南雄、始兴、英德、清远、广州、开平、台山等地新招的农工子弟近200人，在山区里坚持办学3年9个月，度过了抗日战争最艰苦的岁月。

何香凝极其关心师生的教学和生活。1942年春，何香凝长途跋涉赴广西桂林，经过曲江、韶关时，约见学校负责人陈颂硕和当时广东教育厅负责人，责成教育厅负责人一定要支持仲恺农工学校办学。据当年学生吴巨沛等回忆说："政府每月无偿补助学生所需口粮，带有砂粒的陈年旧米每月15公斤。由学生自己到县城领取。虽然如此，但也能解决这些流亡学生最低生活的困难。"

1943年1月，学校奉当时省政府令，改名为"广东省立仲恺高级农业职业学校"。同年秋，增设高级农村合作科。1944年夏，日军攻占了长沙、衡阳，粤北局势非常紧张。学校奉令迁至粤西新兴县。但当师生长途跋涉至郁南县城时，新兴县已经沦陷，于是师生分避云浮县宁波乡西区中学及广西贺县等处。10月，在战火中流离奔波的仲恺农工学校师生又集中在罗定县松朗乡，借用河边一座黄公祠为校舍复学。1945年8月15日，中国抗日战争取得胜利。1946年1月，流落多年的师生100多人终于回到广州，在战后的废墟上复办仲恺高级农业职业学校。在抗战烽火中，仲恺农工学校始终坚持办学，历经5次搬迁，在战时环境中培养有真才实学的毕业生276人，参加抗战的校友达210多人，在校参加中国共产党的学生有陈启中等10多人，为抗日战争流血牺牲的校友2人，为国殉难的教师1人。

中华人民共和国成立后，学校更名为"广东省仲恺农业学校"，为全国重点中专院校，培养了数以万计从基层农业技术干部到共和国省部级领导、工程院院士等优秀人才。1984年，经国家农牧渔业部、教育部批准，学校升格为本科大学。截至2017年3月，学校有博士后科研工作站1个，院士工作站1个，国家科技特派员培训基地1个。

今天仲恺农业技术学院依然秉承着何香凝"教育农工"的办学传统，坚持培养基层工农子弟，服务基层，勇于创新，为基层农工提供技术服务，以纪念廖仲恺扶助农工的意志和情怀，学校的蓬勃发展深深烙印着何香凝为创校而艰苦奔走的忙碌身影和清晰脚印。

8

辞职出国 海外漂泊

　　何香凝与国民党当局决裂后，不再参与政治活动。她为了避开厌恶至极的国民党政权，也为了仲恺农工学校筹集资金，何香凝开始专心作画筹资，并有了出国筹资的打算。

　　1928年秋，何香凝将女儿廖梦醒、儿子廖承志分别送往法国巴黎、德国汉堡留学。何香凝也着手筹备出国事宜。1929年年初，何香凝在好友经亨颐、陈树人、李祖韩的协助下，首先向上海的画家们发起了书画征集。同年1月23日，何香凝的征集动员会，在李祖韩的寓所"怡如庐"举行。当天出席宴会的有何香凝、经亨颐、陈树人、李祖韩、商笙伯、张红薇、郑曼青、方介堪、马孟容、秦清曾、沈子丞、张善孖、陈公博、汪英宾、杨清磐、钱瘦铁、李秋君等20余位画家。席间，李祖韩出示了其家藏恽南田、王若水、董其昌、王南石等古书名画与众人同赏，后让来宾签名并标注捐赠书画的数量，众人纷纷踊跃签名。宴会当天现场气氛热烈，宴后众人现场挥毫合作了一幅长卷，由陈公博画石、方介堪写香炉、经亨颐写梅、钱瘦铁写兰、何香凝写菊、郑曼青写竹、俞剑华写水仙、张红薇写松、张善孖写万年青，俞剑华形容这一场面为"一时夺笔争墨，如恐不及"。至出国之前，连同何香凝本人的作品，共征得30余人的作品350件。

　　1929年秋，何香凝携带自己和征集的300余幅字画，登上了出国的邮轮，从上海出发，同行者有女秘书黎沛华、黄佩兰（南京市妇女协会成员）、张发奎夫人刘景容、甘乃光夫人和陈杏容五人。当所乘邮轮经由香港时，意外接到一封欢迎何香凝到菲律宾的未署名电报。到菲律宾后，中国驻菲律宾总领事到码头接船，才知道电报是曾在广州国民党中央党部工作过的包惠僧等拍来的。菲律宾华侨对何香凝的到来，给予非常热情的接待，不仅安排翻译和助手，还帮助组织书画展览会，并陪同到菲律宾的著名风景区碧瑶游览观光。在总领事及华侨的热情帮助下，何香凝举行了书画展览会。何香凝还应当地的议长邀请发表演说，介绍孙中山革命历史，宣传民主革命，听众有菲律宾青年及华侨数百人。

之后，何香凝决定离开马尼拉赴新加坡筹款，举行书画展。1929年10月14日，何香凝抵达新加坡，当地华侨200余人为何香凝举行了欢迎会。席间，何香凝介绍了丈夫廖仲恺1925年遭杀害的原因及经过情况，并号召反对帝国主义，宣传三民主义政策。新加坡有很多华侨关心宋庆龄的情况，屡次问及，何香凝向他们介绍了宋庆龄的有关情况，并致谢关怀盛意。在新加坡，何香凝立即展开又一次筹款画展。在当地华侨的热情支持下，他们组成了"新加坡华侨筹助仲恺农工学校经费书画展览筹备委员会"，由胡文虎担任正委员长，副委员长为陈嘉庚、林金殿等24人，名誉委员长145人。为宣传展览，同年11月4日何香凝在南洋酒店举行了招待会，邀请各界人士参与，她在会场发表讲话，表明此次南来的目的："此回姐妹远游，原抱两大目的，盖欲环游世界各国，一以筹募仲恺农工学校基金，一以宣扬祖国文化……"在侨商的大力支持下，11月17日，画展在新加坡中华总商会开幕。展览会场精心布置，入口处张贴着巨大的"新加坡华侨筹助仲恺农工学校书画展览会"字样，两侧分别是"发扬文化、提倡农业"的标语，展览的全体工作人员还在展览会场前合影留念。展览共持续三天，于11月19日结束，出席者达五六百人，共筹得5588.99叻币（马来西亚、新加坡与文莱在英国殖民地时期，由英殖民地政府所发行的货币）。

随后，何香凝由新加坡到了柔佛，参观华侨自办的橡胶园；又赴吉隆坡陆佑之女儿（廖仲恺妹妹的妯娌）家，在她家中住了几天后返回新加坡。不久，同行的黎沛华及黄佩兰离开新加坡回国。此后何香凝继续同刘景容和陈杏容两人乘船经红海、地中海，前往旅行的最终目的地欧洲，准备长期旅居欧陆，避开令她失望和反感的国民党当局。

何香凝南洋卖画筹款由于国民党右派势力的干扰，并不顺利。1929年，何香凝在旅途中，感怀而赋诗，写下《出国途中感怀》，抒发了对国民革命功败垂成的悲愤和对国民党当局不顾帝国主义的压迫而围剿苏区、残杀同胞的强烈愤慨：

车摇摇，风萧萧，多少青年海外飘！

长驱直进何所畏？不怕狂涛与暗礁。

舟行世界千万里，飞机直上千云霄。

一望中原无净土，同胞血染赣江桥。

三民主义今非昔，污吏贪官民怨极。

帝国侵凌祸怎消？频年借债如山积。

金钱变作炮弹灰，到处肥田生荆棘。

可怜十室九家空，民穷财尽饥寒迫。

谋生无路去投军，愿为司令当执役。

无情毒炮一声鸣，断送生灵千万亿。

牺牲为彼争地盘，空流鲜血无遗迹。

遥怜少妇泣闺中，望子思夫长叹惜。

不知已上断头台，梦魂相会各言哀。

留言后辈青年者，我等雄心且莫灰！

天生我才必有用，今天死了再胚胎。

前者牺牲后者继，此后无穷烈士来。

花开花落年年在，血冢黄花几度开！①

何香凝自 1929 年秋由上海出发，途经菲律宾、新加坡、马来西亚、红海、地中海，历时一个多月，于 11 月初抵达马赛。然后，又从马赛乘火车前往巴黎。何香凝未抵巴黎之前，在巴黎大学文学院攻读教育专业的刘天素，从何香凝的女儿廖梦醒处得知何香凝的行程，联络当地留学生准备迎接何香凝的到来。在巴黎火车站，何香凝受到中国留法学生们的热烈欢迎，大家都拥向前去握手、问好。由于长途跋涉，何香凝慈祥的面容显得疲劳，仍热情地同刘天素等一一握手，声音有些低沉地说："我在这里会见你们了。你们都好！"何香凝后来在题赠友人的画册中写道："以国事紊乱寄迹巴黎，晤故人天素于法京车站，异地相逢，悲喜交集！"何香凝在巴黎，开始住在巴黎旅馆，不久由罗琼、张邦珍接到市郊的里拉顿岛居住。

到达法国后，何香凝先将卖画款五六万元寄回仲恺农工学校，然后立即专程前往德国柏林探望一个月前抵达的宋庆龄。何香凝在德国逗留了一个多月后，写信嘱咐原国民党中央妇女部干事、留法学生刘天素觅择房

---

① 何香凝：《一九二九年出国途中感怀》，载《双清诗画集》，人民美术出版社 1982 年版。

屋。刘天素租好房后，何香凝由柏林经瑞士返回巴黎，与刘天素及其义妹李洁民共同居住。房子共三间，何香凝住最里面的一间，刘天素和李洁民住最外面靠楼梯的一间，中间的一小间作为何香凝的绘画室。何香凝在这所公寓里一直深居简出，终日以绘画和读书为消遣。何香凝的作画既是自娱，"亦以备将来换米之资"，因而作画不少。其中部分绘画名作，如，在这个时期完成的《红叶雪景》《红梅菊花》《青松梅菊》《月虎》《雪虎》等都是反映当时心境和志向的佳作。期间，黄埔学生韩涵带去蒋介石请她回南京的口讯，何香凝把写出的七言长诗《出国途中感怀》让他转交蒋介石，以诗言志，表露了自己的失望与无奈。在生活方面，何香凝自奉甚薄，十分简朴，"过着极端平民化的生活"。何香凝居留法国的时期中，没有添置过一件新衣，所穿的大衣还是早年在日本留学期间做的，只是翻改了一下。何香凝追忆说："我当时在法国，经济本不充裕，也要很俭朴才能维持，烧饭洗衣，我都是自己操作。"当何香凝的病体稍愈，精神渐好时，偶尔也在刘天素和李洁民的陪同下，去参观巴黎的一些名胜古迹，如，埃菲尔铁塔、国家博物馆、拿破仑纪念馆和卢梭、雨果及罗兰夫人的墓地等。相较于人文景观，何香凝更喜爱大自然，尤其喜欢游湖，多次到巴黎郊区的森林中去漫游。每次野游归来，就展纸挥毫，《红叶雪景》等画所绘的便是巴黎郊区的景色。

1930 年 6 月，何香凝在其儿子廖承志的陪同下，再次前往柏林，与原中央妇女部下属胡兰畦同住。何香凝此行的目的一是为了和宋庆龄相聚，二是要考察一下德国的情形。在柏林居住的三个多月的期间里，宋庆龄陪同何香凝参观过德国博物馆，游览柏林的各处名胜。宋庆龄时常去探望何香凝，两人经常谈论中国革命的前途，有时也谈德国革命的历史。胡兰畦回忆当时的情形时说："这时孙夫人经常到我寓所来看何先生，同何先生一道出去散步参观。有时孙夫人请何先生带着我和蓝素琴一道上日本料理馆。她们畅谈在日本从事革命活动的回忆。孙夫人告诉我说，何先生在日本是大学生，但为了掩护革命同志开会，避免日本警察的注意，她不怕脏和累，开会时给每个人收起臭鞋（日本习俗进屋要把鞋脱下，放在门口）。为了不让外人知道孙中山先生的行踪，她不敢雇人做饭，自己学着烧饭，她烧的饭确实特别好吃。孙夫人盛赞何先生的革命精神，而且向何先生学煮饭。在柏林，孙夫人陪着何先生，出门时总要替何先生梳梳头发，整整围巾，好像姐妹一样热络。她们俩真是亲密的战友。"有一天何香凝画了一张条幅，主题是菊花和石头，并在上面题了一首诗："惟菊与石，品质高洁；惟石与菊，天生硬骨。幽幽清泉，娟娟皓月；惟菊与石，品质高洁。"胡兰畦认为："这幅画和这首诗，体现了她和宋庆龄坚持革命的高贵品质。"这是何香凝与宋庆龄纯洁友谊和高尚情操的写照。

同年9月，何香凝离开柏林，又回到巴黎的原来寓所，继续以绘画、读书自遣。不久，其儿子廖承志和曾庆集（刘天素的未婚夫）先后到了巴黎，何香凝等就迁往巴黎郊区红山威尔乃街35号一处公寓四楼居住。那套公寓房有四间，何香凝住东头一间，曾庆集住西头一间，廖承志住北面一间，中间南面一间刘天素住（李洁民已转往里昂就学）。他们母子、师生四人住在一起后，何香凝心情开朗，精神比较愉快。他们自己做饭，制作四川泡菜和广东卤菜，保持中国式的饮食习惯。日常生活的分工是：何香凝煮饭，廖承志洗菜、切菜，刘天素掌勺炒菜，曾庆集负责餐后洗刷碗盘。具有乐观天性和旷达胸怀的廖承志，一边切牛肉一边将刀子敲击肉块发出砰砰的节拍，并辅以谐谑的口哨声，经常引得大家发笑。他们自己洗衣服、搞卫生，生活简朴而欢快。还有一次何香凝对胡兰畦说："承志的公仔（广东方言，指人）画得好！"何香凝硬要儿子廖承志在那幅山水画上，加添两个拄着拐杖的"公仔"。廖承志遵嘱画好了，何香凝高兴得眉开眼笑，欣慰地对胡兰畦说："我说承志画得好吧！你看！"在法国，何香凝度过了一段难得的快乐时光。

法国期间，令何香凝意想不到的是，儿女在不知不觉中已走上了革命道路。当时，22 岁的儿子廖承志表面上是奉何香凝之命在汉堡留学，实际上，他早在 1928 年就在上海秘密加入了中国共产党，此时正以留学为掩护在汉堡等地从事党组织的工作，担任汉堡国际海员俱乐部支部书记。何香凝与胡兰畦居住在一起时，廖承志常前去看望，并趁机和胡兰畦讨论政治问题，在国民党左派何香凝的眼皮子底下将原本持"实业救国"思想的胡兰畦引向了共产主义道路，成为德国共产党中国语言组柏林小组的党员。青出于蓝而胜于蓝，这恐怕是何香凝当时所未曾预料到的。

女儿廖梦醒幼年时期就认识宋庆龄，宋庆龄对她也倍加关怀。廖梦醒在广州执信学校就读时还一度天天被孙中山、宋庆龄叫到总统府吃午餐改善营养，在岭南大学读书时也曾给到校演讲的孙中山、宋庆龄当翻译，感情自然不一般。据何香凝的外孙女李湄记述，宋庆龄到巴黎见到廖梦醒。这时廖梦醒正与岭南大学同学、中共党员李振（李少石）谈恋爱，并准备结婚，但遭到何香凝的反对。廖梦醒趁机向宋庆龄诉苦，宋庆龄在婚姻上也有过反叛父母的体验，因此很同情廖梦醒。谈话中，宋庆龄还问起廖梦醒是否中共党员。廖梦醒虽与李少石已订婚，但还没入党，便回答道："不是。"宋庆龄以为廖梦醒瞒她，说道："当共产党是件好事，你何必否认呢？"后来，从 1938 年筹建保卫中国同盟开始直到中华人民共和国成立前夕，廖梦醒一直在宋庆龄身边工作，担任她的秘书。宋庆龄对廖梦醒的信任，除了缘于长辈对晚辈的关怀，拥有共同的理想追求也是一个至关重要的因素。

美好的时光总是短暂的，何香凝虽然侨居异国，依然关注着祖国的安危和人民的苦难。1931年九一八事变后，何香凝闻悉日本帝国主义武力侵占东三省的消息，"悲愤填膺"，毅然决定立即准备归国，要以国民资格与同胞共赴国难，"参加全国反日救护死伤工作，以尽个人责任"。在巴黎的一些中国留学生，为何香凝归国举行了一次送别会。出席这次送别会的，有黄埔军校的军人，也有大革命时代曾供军职的人。何香凝就问他们："你们究竟什么时候回国？"并激动地批评他们滞留异国说："你们知道祖国现在的情形吗？敌人已经越过国境侵入祖国心脏部分了。我认为拯救国家危机，正是爱国军人的职责所在。但是你们没有想到祖国的安危，还逗留在异国，把保卫祖国的责任诿诸他人。我对你们感到失望。"[①]同年10月，何香凝离开巴黎，乘火车赴马赛。23日，转乘法国邮船阿多斯第二号从马赛起航回国，结束了两年零两个月的海外生活，重新踏上了救国之路。

---

① 何香凝：《致上海友人函》，载尚明轩、余炎光编：《双清文集》下卷，人民出版社1985年版，第113页。

第五章

再赴抗日救国与民族解放的伟大斗争

九一八事变后，何香凝担心祖国安危，整装回国，1931 年 12 月到达上海。何香凝振臂疾呼，号召国人以民族大义为重，停止内争，团结御侮，抗日救亡。面对蒋介石的不抵抗政策，何香凝痛心疾首，于 12 月 19 日发表《对时局之意见》，斥责蒋介石专制政权的罪恶统治，提出切实执行三大政策，挽救民族危亡及支持人民群众救国运动的主张。何香凝用自己卖画所得的钱在上海设立短期妇女救护班，培养战时救护人才，为抗日救伤服务。

1932 年 1 月 28 日，日本侵略上海，遭到驻守在上海的第十九路军顽强抵抗。何香凝不顾体弱多病，积极参加抗日战争。她致电海外华侨呼吁援助，和宋庆龄一起筹划救济工作，创办"国民伤兵医院"，筹募医药财物支持第十九路军，并冒着枪林弹雨，亲临前线慰问。当第十九路军孤军抗敌、日见危急之际，何香凝同陈铭枢、蒋光鼐一起亲赴南京面见蒋介石，请求增援。何香凝十分气愤蒋介石的不积极态度，强烈谴责了蒋介石的不抵抗政策。

1932 年夏，何香凝和宋庆龄等一起，在上海组织"中国民权保障同盟"，揭露国民党法西斯统治，营救被捕革命志士，声援并救出陈赓等许多共产党人。1934 年年初，又发起成立抗日救亡组织——中国民族武装自卫委员会。4 月，何香凝与宋庆龄等 1779 人签名公布了《中华人民对日作战基本纲领》，提出"立刻停止屠杀中国同胞的战争""一切海陆空军立即开赴前线对日作战"的主张，要求发动抗日救国的民族自卫战争。这一号召得到全国广大群众和海外华侨的热烈响应，公开签名赞成者达 10 万人。1935 年秋，何香凝和宋庆龄、柳亚子、经颐渊、陈树人、于右任、孙科等 10 多人，又签名响应中国共产党"八一宣言"，呼吁停止内战，团结抗日。1936 年 1 月，何香凝参与发起成立"上海各界救国联合会"。5 月，成立"全国各界救国联合会"，为实现国共合作、团结救亡奔忙。11 月 22 日，救国会领袖沈钧儒等"七君子"被捕后，何香凝和宋庆龄等发起"爱国入狱运动"，进行营救。1937 年 2 月，何香凝在上海同宋庆龄、冯玉祥等 13 人联名向国民党五届三中全会提出了恢复孙中山亲手制定"联俄、联共、扶助农工"三大政策的建议，认为"只有忠实执行他（孙中山）的三大政策，才可以救中国"，力促国民党改变立场、团结抗日，为建立抗日民族统一战线作出了贡献。11 月，上海沦陷，何香凝为避日寇之迫害迁居香港。

从 1939 年冬开始，国民党顽固派的反动活动迅速扩大，接连发动了三次反共高潮。何香凝坚决支持中国共产党提出"坚持抗战、反对投降；坚持团结、反对分裂；坚持进步、反对倒退"的三大方针，坚决反对国民党顽固派限共与摩擦政策，与这种"延长抗战时间，虚耗勇士血力"的倒行逆施进行坚决的斗争。

1941 年 1 月皖南事变发生后，何香凝即同宋庆龄等发表通电，严厉斥责蒋介石的罪恶行径，呼吁全国人民警惕卖国贼的阴谋诡计，指出："今后必须绝对停止以武力攻击共产党，必须停止弹压共产党的行动。"日寇占领香港后，何香凝离港，经海丰转赴韶关，后迁居桂林。每到一地她都积极宣传抗日，为将士们筹募医药、衣物和款项。

在抗日民族解放战争中，何香凝以救国救民为重，不畏艰险，不怕牺牲，以个人所具有的特殊身份建树了光辉业绩。

1
卖画筹款 淞沪救伤

1931 年 10 月 23 日，何香凝由马赛乘船回国，从巴黎出发前她通电致全国士兵，劝告勿为内战牺牲，停止同室操戈，号召全国士兵与民众一致抗日。11 月 28 日中午，何香凝抵达上海，柳亚子、甘乃光夫妇等多人迎接。下船后，何香凝不顾旅途的劳顿，立即驱车会见稍早回国的宋庆龄，两人畅谈很久，交换对时局的意见。

在何香凝归国途中，1931 年 11 月国民党召开第四次全国代表大会，何香凝被选为国民党中央执行委员会委员。何香凝抵达上海后第二天，国民政府监察院长于右任偕国民党中央执行委员会委员周启刚、丁超五等到上海邀请她前往南京。其后，蒋介石亲自致电何香凝邀请她去南京，但何香凝不愿与背叛孙中山革命路线的国民党当局为伍，对国民党当局的不抵抗政策十分愤懑，明确声明"对国内政治，十九不拟参加"，公开拒绝了国民党中央的拉拢。

面对日本军队的侵略，何香凝决定利用个人威望动员社会力量为抗击日寇侵略作出贡献。何香凝连续接受新闻媒体采访发表谈话，表明自己对抗日救亡的主张。何香凝指出，日本帝国主义侵占东三省，国家大难临头，救国之事"是我中国四万万同胞所同具责"，人人都应负担起来；揭露"国际联盟"这一组织"实为一各大国宰割小国及分赃之集团"，我们对付日本的侵略不能依靠"国际联盟"解决，唯一的对策是"国人应速自救"。何香凝宣布说："余以一个国民资格，凡有利国家、人民及余个人力量所能办到者，即牺牲任何一切亦所愿也。"

1931年12月7日，何香凝发起组织"救济国难书画展览会"，联合郑洪年、叶恭绰、柳亚子、朱少屏、黎沛华等18位文化名流，12月11日发表《何香凝主办救济国难书画展览会宣言》。在宣言中指出："香凝海隅闻警，万里遄归，于兹宗邦急难之秋，敢忘匹夫有责之训，权衡缓急，一念转移，则兴学尚可稍迟，而救国不容或后……香凝个人历年所作画件，举行展览会，悉数变价出售，即以售得之款，为反日救伤工作费用。"10余日间，即征得书画等物品1500余件，何香凝、郑洪年、叶恭绰等20余人认捐款项17750多元。由于各界人士踊跃认购，展览会取得很大成功，共筹款2万多元，南洋著名华商胡文虎还承诺向展览会捐赠2架飞机，"专作救护之用"。①

救济国难书画展览会结束后，何香凝又着手筹备国难妇女救护训练班，自己亲自担任主席董事，原中央妇女部下属黎沛华担任主任。何香凝将救护班宗旨定为："训练救护人才，预备从事国难救伤工作，发扬妇女爱国精神，以尽国民救国责任，并可养成一般妇女均有医学常识。"1932年1月22日，在《申报》刊登了招生启事，宣布训练班拟招"学生两级，每级学额四十名"，"凡籍隶中华民国之妇女，年在十八岁以上三十岁以下，身体强健，有高小毕业程度，或粗识文字，热心为国，愿学习救护工作者"均可报名就读，定于2月12日举行入学考试，2月22日开学。然而救护训练班尚未开学，一·二八事变爆发。

---

① 《何香凝书画会之进行》，《申报》1931年12月20日。

1932 年 1 月 28 日，日本军队借在闸北寻衅，向上海进攻，袭击驻守的国民党第十九路军，制造了一·二八事变。第十九路军在举国抗日运动空前高涨的影响下，违抗国民党当局的不抵抗命令，奋起抗战，给侵略者以迎头痛击，并通电全国说："为救国保种而抵抗，虽牺牲至一人一弹，绝不退缩，以丧失中华民国军人之人格。"何香凝深为第十九路军捍卫国土的爱国精神所感动，不顾自己体弱多病，立即满怀激情地投入到了支援第十九路军抗击日寇的紧张活动中。事变发生后，何香凝立即决定把上海爱国妇女组织起来，当夜便打电话邀请救护班的同仁 1 月 29 日到她的寓所聚会商量办法，还特邀了一些专业医生、护士、慈善团体的负责人和工商界知名人士参加。会议决定："组织妇女到前线慰劳，救护队立即行动，从 30 日起分别投入工作；请医务界人士协助，开办护士训练班，以应前线需要；将尽力协助慈善团体、各临时成立的救济难民机构，做些工作；初步拟定了工作计划和人力分配。" 1 月 30 日何香凝组织发起了"妇女救护队"（又称"国难战士救护队"），队员共 60 人，在何香凝的亲自率领下前往前线救护伤兵。

为了便于统筹部署对第十九路军的支前救护等各项工作，1 月 31 日，何香凝在上海新闻路海关监督公署成立了一个办事处，统一领导组织妇女前线慰劳、救护队、难民救济队、妇女救护训练班和"国难战士慰劳救护会"等机构的工作。何香凝每天都到办事处办公，主持一切，并经常派黎沛华、陆晶清等人去和宋庆龄联系，征求宋庆龄对支前救护诸事的意见。何香凝不辞辛劳，经常工作到深夜，后因操劳过度而生病，但依然坚持工作，用前方将士浴血抗敌激励自己，坚决不肯回家休息。办事处与第十九路军的淞沪抗战共始终，直至"停战协定"签订后第十九路军奉命开闽。

一·二八事变发生后，何香凝一面走上街头，向市民发表讲演，高度赞扬第十九路军抗日健儿的英雄壮举；另一面偕同宋庆龄一起，随着满载慰劳品的两辆卡车亲自到第十九路军前线指挥部慰问，她们向第十九路军军长蔡廷锴了解战事情况，答应为众多伤员提供有效的急救服务。从前线回来后，何香凝立即着手组织救伤工作，同宋庆龄并约柳亚子等一起筹划捐建伤兵医院的活动。2月11日，为工作方便，何香凝派人与中国红十字会接洽，将救护队编入红十字会第七救护队。何香凝原拟亲任队长，后因事务繁多，改由他人担任队长，自己负责办理经济等事务。何香凝经常亲自赴各医院慰问伤兵，据《申报》报道，何香凝去红十字会第十一医院慰问伤兵时，"对于伤手及重伤士兵均亲自以面包、牛奶等喂之"，"伤兵多感激涕泣，谓生身父母亦无此爱护，誓以此身报国"。当时，何香凝协助宋庆龄在交通大学建立一所有三百余床位的伤兵医院，并把自己同第十九路军军官一起募捐到的慰劳款项，用于创办医院；何香凝约见蔡公时（1928年济南惨案中牺牲）纪念学校校长郭景鸾（蔡公时夫人），商量借用蔡公时纪念学校为伤兵医院的院址。时正值寒假中，当即得到郭景鸾的允诺；之后，何香凝又会同陈铭枢夫人、蒋光鼐夫人和蔡廷锴夫人，借法政学院在金神父路建立了国难救护伤兵医院。三所伤兵医院前后开办，共收容伤兵三四百人。此外，何香凝还组织了几十个救护队，分派到指定地区执行战地救护任务。在战事进行中，救护队常常到镇江、苏州等地去接运伤兵，及时进行抢救。

淞沪抗战期间，何香凝冒着枪林弹雨，多次前往前线慰问，目睹抗日战士与敌人浴血奋战的壮烈情景，深受感动。有一次何香凝目睹官兵们在冬季穿着单薄的衣服紧守在坑道里，有些人受了伤也不肯下火线，甚至有些人的伤口已经化脓，感动难受得一面流泪，一面鼓励作战将士说："你们好好作战，保卫国土，我回去一定为你们筹备救伤。"在太阳庙前线慰问时，遇到复旦大学学生组成的宣传队，他们请何香凝讲话。何香凝含着热泪激动地说："中国不会亡！中国没有愿做亡国奴的人！我们的老百姓都爱我们的国家！"她勉励他们"要为国家争气，要向十九路军学习"。怀有满腔热血的青年学生极受鼓舞，当即向何香凝保证说："愿为反抗侵略、保卫国家不惜牺牲一切！"

3月初，淞沪战役第十九路军在极度困难的环境中，退守第二道防线继续战斗。而国民党当局却在美、英、法等帝国主义策划下，通过"国际联盟"开始与日本进行和谈，并于3月14日派代表在上海英国领事馆与日本代表拟定了《停战协定》。何香凝闻讯后，无比愤慨，于3月22日向全国发出"养电"，强烈谴责这种卖国行径，呼吁全国同胞奋起反对签订卖国条约，严正指出："中日停战会议，我方如允签订丧权辱国之条约，我民众当一致反对，万难承认。"为了继续鼓励军人的抗战热情，何香凝于4月15日特致函参加抗日战役有功的第二五九旅旅长孙元良（黄埔军校毕业生），并转前线将士们，赠言勉励努力抗敌救国曰："君流血，我流泪，锦绣江山被人取，增你勇气，快到沙场去，恢复我失地，好男儿，救国不怕死，死亦留名于万世。"稍后，何香凝又在赠给第五军八十八师俞济时部抗日纪念旗上，激情地题词："国破山河在，光荣血永存！"

但由于国民党当局对日军的侵略奉行妥协退让的政策，5月5日，国民党当局与日本签订了《上海停战协定》，淞沪战役正式结束。

淞沪战役结束后，何香凝积极投入善后工作中。鉴于淞沪抗战后疫病丛生，灾区难民无力救治，她设立国难平民医院，聘请名医主持院务，并于医院中设立产科。国难平民医院与何香凝 1924 年在广州创办的贫民生产医院类似，主要面向农工群众，免费医治贫苦劳工。1932 年 6 月 28 日，医院对外开诊，"开诊未及一月，就诊病人已达 900 余人，并曾救活时疫及服毒等病人数十名"。

1932 年 5 月，何香凝将尚未伤愈的伤兵移交给红十字会治疗，便转向支援东北义勇军的活动中。辽、吉、黑、热四省的东北义勇军在极端残酷的环境中与日寇作殊死的战斗。鉴于"东北各地交通不便，义勇军饷糈支拙，设备难完，以致伤病遍地，救护乏人"，为贯彻救护为国献身将士的初衷，何香凝约集老友柳亚子和郭琦元（上海东南医学院院长）等，发起组织"东北义勇军国难救护队"，驰赴东北进行救护。国难救护队在上海设立了后方理事会，何香凝担任主席，柳亚子担任副主席兼会计。国难救护队的经费，是由何香凝从救济国难书画展览会的存款中指拨的。最初拨了 5200 多元，加上国难战士救护慰劳会的捐款 500 元，后来何香凝又给南洋各埠的侨胞发出许多信募得捐款 2540 元，总计 8200 元。由于救护任务繁重，便另成立了一个国难救护队后方理事会，办理向海内外募捐及后方有关事宜。与国民党决裂后，何香凝从不领取国民党中央委员公费，但为救护伤兵，这时何香凝则派人向国民党中央党部领取了 1931 年年底以后任四届中央执行委员的公费，共 3343 元，全部捐给了国难救护队。

6 月 13 日，第一批队员 14 人从上海出发，由队长杨庶誉带领，在东南医学院数百名学生的悲壮欢送声中乘火车北上，抵北平后另有七八人加入，于 7 月 20 日转赴热河省救护义勇军的伤员。队员龚继长在东北最前线设立了裹伤所，及时抢救伤员；派往东北救国军总监朱霁青部下的有吴絮峰等多人，先后在朝阳、义州一带救治伤病官兵数十人；陈铸陶等队员驻于辽宁鲍庄、石岭、花户庄一带，救治遭日本飞机炸伤的将士及难民300多人。国难救护队的队员跋山涉水，万苦千辛，"都抱着不打倒日本帝国主义誓不归"的决心，紧张地进行救护工作，得到受伤官兵和广大群众的称赞。同年11月17日，又有国难救护队第二批队员20人，由队长黄健率领从上海出发，先至蚌埠，与该队第二中队队员会合后共92人，一起开赴东北，冒着十分的艰险实施救治伤兵工作，以支持东北义勇军。

在组织国难救护队的同时，何香凝希望借助团体和政府的力量，培养更多的战地后方服务人员。1933年年初，以党政军高官夫人为主的女性，筹备发起中华妇女救济东北同胞协会。3月8日，在上海世界社召开发起人大会，发起人包括孙科夫人、张静江夫人、吴铁城夫人、李烈钧夫人、陈诚夫人、李宗仁夫人、顾祝同夫人等数十人，何香凝派代表张琼与会。何香凝向该会建议创办战地妇女后方服务训练班，"以期训练部分热忱爱国之女青年，为今后长期对日抗争之需用"，并将事先草拟的大纲提交会议。经议决，推选何香凝与吴铁城夫人等数人担任筹备。

从九一八事变至一·二八事变前后的一年多时间，何香凝投身在抗日救亡运动的洪流中，不辞辛劳地奔走呼号，殚精竭虑全力以赴，其热爱祖国和人民的精神令人感佩，因而赢得了人民群众的高度赞扬和崇敬。

2
保障民权 力促团结

外患日促，国难当头。何香凝回国后全心投身抗日救亡运动。而此时国民党当局却继续奉行"攘外必先安内"的反共反人民的政策，对日本帝国主义的侵略妥协投降，出卖国家和民族利益；对内则变本加厉地实行白色恐怖，一方面加紧对苏区红军的"围剿"，一方面加强对人民的法西斯统治和镇压，大肆逮捕、监禁和枪杀共产党人和要求抗日、民主的爱国人士。何香凝的亲密战友宋庆龄，敏锐地察觉到国民党当局的反动政策，开始将主要精力集中到营救被捕政治犯的工作中。1932年12月17日，宋庆龄、蔡元培、杨杏佛、黎照寰、林语堂等人在上海发起组织"中国民权保障同盟"，总会设在上海，北平、上海等设有分会。其最高权力机关是临时中央执行委员会，委员会由宋庆龄、蔡元培、杨杏佛、林语堂、伊罗生、邹韬奋、胡愈之等7人组成，宋庆龄任主席，蔡元培任副主席，杨杏佛任总干事。在中国民权保障同盟成立前后，宋庆龄先后发起过营救邓演达、牛兰夫妇和陈独秀的行动，公开为共产党人和进步人士辩护，引起了强烈的舆论反响。

当时，何香凝的精力主要集中在组织抗日战场支援和救护上，没有参加民权保障同盟。但何香凝也以自己独特的方式支持宋庆龄的工作。面对国民党当局极端恐怖的法西斯专政，何香凝多次态度鲜明地谴责国民党当局对进步青年的残害，对他们的倒行逆施进行坚决斗争。就在此时，何香凝的儿子共产党员廖承志被国民党反动派逮捕。

廖承志 1908 年出生于日本。从日本早稻田大学学成归国后，就和母亲何香凝、姐姐廖梦醒一样，全力协助宋庆龄开展革命工作。后来，秘密加入了中国共产党，担任了中华全国总工会宣传部部长、全国海员总工会党委书记，做了大量情报传送工作。

1933 年 3 月 28 日上午，全国总工会秘书长王其良被捕随即叛变，刚满 25 岁的廖承志因革命行动引起了国民党反动派的注意，落入圈套，在租界不幸被捕。廖承志后来回忆了被捕的经过：

"三月二十八日，照例是罗登贤同志在全总主持接头的日子，我也要在这天去领取海总的经费。我先到了离山西路不远的、伪装成茶叶批发商号的海总机关，然后再到山西路。一到机关门口，看见门前人山人海，还停着一辆黑色汽车。我想肯定出问题了。我立刻赶回自己新搬进去的住所，这地方是离山西路不远的一条弯弯曲曲的小巷里的一间灶壁间，只有罗登贤一个人知道。我对登贤有信心，这地方可慢一两天搬。知道海总机关的有陈福（又名陈春霖，后来在中条山战役牺牲）、余文化，王其良也可能知道。我对余、王信心不大。因此，海总机关必须迅速搬走。我把自己可以典当的一切东西都典当了，换了件笔挺的西装，戴上眼镜，化了装，到机关把典当的钱分给大家，并指定今后接头的地方……在处理了海总机关后，回到寓所又想了一想，以为出了毛病的也许是'燕子窝'，于是我又想回去探个究竟，走到山西路口，附近静悄悄的，我刚走到机关门口，还未进门便被逮捕了。原来敌人早已张开罗网，只等我一个人。我随即被戴上了手铐，押进汽车带到老闸捕房，在老闸捕房大门前，叛徒陆福坦即指认我正是廖承志。"①

得知廖承志被捕的消息，宋庆龄立即前往寓所慰问何香凝并询问具体情况。廖承志被捕前后，中国共产党员陈赓等人也被租界巡捕房逮捕，并与廖承志等人关押在一起。宋庆龄领导的"中国民权保障同盟"随即展开了对罗登贤、廖承志、陈赓（化名陈广）、余文化、谭国辅（谭人凤孙女，化名陈藻英）的营救行动。3月30日上午，宋庆龄主持召开同盟临时执行委员会，讨论营救办法，决定由蔡元培和宋庆龄委托吴凯声律师担任辩护律师。吴凯声是当时上海著名的爱国律师。就在廖承志一案事发的前一年，吴凯声还曾受周恩来之托，为共产党人陈延年（陈独秀长子）出庭辩护。

3月31日，江苏高等法院二分院开庭审理廖承志等人一案，这是当时保留在租界中唯一的中国法权机关。吴凯声等人组成律师团，为廖承志、陈赓等人出庭辩护，吴凯声本人和马常担任廖承志及陈赓兄妹的辩护律师；蔡晓白、陈炳煜等则担任罗登贤和余文化的辩护律师。柳亚子也带着女儿柳无非到场旁听。在法庭上，吴凯声当着各界人士之面一一列举事实，与租界当局雇用的律师进行了激烈辩论。整个审讯辩护过程十分精彩。第一个被传唤的是陈赓。陈赓按照与吴凯声事先的约定，表示"我同妹妹陈藻英是来上海治病的"。之后，他又借法庭作讲台，大谈抗日，痛斥政府弃守东三省，残害爱国青年。一番慷慨陈词，变口供为控诉。台下的国民党代表面面相觑，尴尬不已；旁听席上则是人人激奋，群情沸然。此后，被传唤的是廖承志、罗登贤和余文化三人。吴凯声与当局律师之间

---

① 《郁达夫之兄与廖承志》，香港《新晚报》，1982年6月3日。

进行了一番激辩，并当堂宣读了何香凝所写的一封亲笔信。信里的意思是何香凝本来要到法庭上就住处、买茶和给钱等三条一一陈述，怎奈旧病复发，连床都下不了了，只好写一封信。在信中，何香凝列举了三条：第一，儿子廖承志从欧洲回国后就一直住在家中。那天巡捕房的人来家里调查，她一时受惊，没能给出明确的答复。她现在在信里明确表示，廖承志是和她一起住的。第二，廖承志到欧阳先生家是去商量运送茶叶，给血战日寇的我国东北军壮壮士气，改善改善伙食，因此并没有别的意图。第三，她给儿子银洋那是为了补充抗日的资金，是廖承志本性慷慨大方，才可能借给朋友。总之，何香凝坚持"予与廖先生为国奋斗，其目的在求民族国家之生存"，希望法院能够秉公办理。何香凝的信在法庭上产生了很大的作用。但叛徒王其良突然出现在法庭上，一口咬定廖承志等三人是共产党员。一审结束后，法庭依旧不肯松口，打算将五人引渡给上海警察总局。

柳亚子通过江苏高等法院第二分院刑庭庭长郁华（郁达夫哥哥）打听到，按照南京方面的军法处理要求，会将廖承志"引渡"到南京，一旦到了南京，别说出狱无望，生命安全都难以保证。郁华答应柳亚子，会尽他所能尽量拖延时间，但此事必须还要"大人物"出面方可化解。柳亚子立即将情况告知何香凝。何香凝知道儿子廖承志一旦被送往南京，就更难以救出。何香凝不顾重病在身，当机立断坐在藤椅里被人抬着，去见上海市长吴铁城。吴铁城一见便知道何香凝此番前来是不达目的决不罢休的。于是就故作镇定地请何香凝进屋，满脸堆笑说："请，请，廖夫人请进来坐。"何香凝故意大声说："我不是来做客的，我是来坐牢的！承志哪里是犯了什么大罪，不就是骂了蒋介石几句吗？要说骂老蒋，我骂得最多了。你们不如把我也抓起来吧！"柳亚子也在一边附和说："廖夫人要是坐牢，我也作陪！"慑于何香凝在国民党资历和威望，吴铁城无法应付，立刻通过宋子文给蒋介石报信。蒋介石知道何香凝个性执拗倔强，又是国民党元老，指示吴铁城："你们看着办吧，不要搞得不可收拾。"吴铁城有了这个指示，悬着的心就放下了，他对何香凝承诺："廖夫人大可放心，一定会将爱子保释出来。"

当晚，吴凯声就以辩护律师的身份，将廖承志保释出来送至何香凝寓所。尚病卧在床的何香凝见儿子廖承志回来了，喜出望外，一把抓住吴凯声的手，连声道谢。不久后，何香凝的女儿廖梦醒回到家中，把一支神秘的香烟交给弟弟廖承志。廖承志打开一看，是党中央通知他到中央苏区的密件。廖承志欣喜若狂，匆匆准备即告别何香凝，踏上了革命工作的新征程。

廖承志获释后的第二天，4月1日晚，陈赓等四人就被解送到南京。宋庆龄、何香凝等人继续营救工作。儿子廖承志的被捕已使何香凝心力交瘁，不料刚刚事过十个月，1934年2月27日，何香凝的女婿李少石又遭国民党当局逮捕了。

李少石，原名国俊，字默农，1943年改名少石，广东新会人。是从事香港交通站的共产党人，1933年5月从香港调上海从事地下工作，住在秘密机关里。李少石被捕后，女儿廖梦醒带着未满周岁的外孙女李湄回到何香凝家中，筹划营救。何香凝邀柳亚子共同商议营救办法，当天发出呼吁营救的函电数十件，并托人疏通关系，终未成功。李少石被押解到南京，直到三年后全面抗战爆发，国共谈判释放政治犯时才被获释。

由于接连发生的儿子、女婿被捕之事，何香凝愤恼梗胸，身体更加羸弱，只能在家中闭门疗养，谢绝世事。1935 年年初，国民党中央执行委员会决议成立廖仲恺葬事筹备委员会，以张静江为主席，孙科、戴季陶和陈果夫等为委员，负责办理迁葬事宜。何香凝在 5 月底，偕许崇清及随从秘书张定一等，抱病从沪返粤，准备起椁迁葬南京。6 月 18 日灵椁运到南京时，在车站参加迎灵的有国民党将领、中央军校学生及各界代表五六千人。刘天素追忆当时的情景道："（何）先生身体不好，行走困难，是让人用手推车从火车上推下来的。黎沛华、刘衡静、黄佩兰和我原妇女部的人员都拥到了她的身边；后来南京妇女部的刘巨全、隋焕东等，还有从外地赶来参加迎灵的数十人，都争先恐后地挤上去同何先生握手致慰。"

9 月 1 日，廖仲恺灵枢安葬于南京中山陵侧，墓碑由时任国民政府主席林森题写"廖仲恺先生之墓"。在中山陵侧举行的国葬仪式上，何香凝发表演说，怒斥蒋介石及国民党政府对孙中山三大政策的背叛。讲话完毕即愤然离开会场。那天，汪精卫在会场听到何香凝在骂人，不敢同这位"老朋友"相遇，向廖仲恺遗像鞠个躬便匆匆离开了。蒋介石则借故出京，没有到场。

1935 年，日本加速侵华步伐，日本帝国主义开始在华北制造事端，向国民党政府提出对华统治权的要求。5 月，日本华北驻屯军司令官梅津美治郎与国民党华北军分会代理委员长何应钦达成协议，史称"何梅协定"。通过协定，日本攫取了河北、察哈尔两省的大部分主权，使华北名存实亡。消息传来，何香凝十分愤慨。她拿了自己的一条裙子，把她以前写的一首诗抄在上面，托人送给蒋介石，愤怒鞭挞其不抵抗政策。这首诗是这样写的："枉自称男儿，甘受倭奴气。不战送山河，万世同羞耻。吾侪妇女们，愿赴沙场死。将我巾帼裳，换你征衣去！"[①]

此后，日本又进一步策动"华北五省自治运动"，妄图把华北变为第二满洲国，进而吞并全中国。中华民族面临着空前的严重危机，亡国灭种的惨祸迫在眉睫。1936年年初，何香凝回到上海。当时中华民族处在生死存亡的严重关头，中国共产党为进一步推动全民族的抗日民族统一战线的形成，于1936年8月1日发表了《为抗日救国告全体同胞书》（即"八一宣言"）。

何香凝和宋庆龄、柳亚子、经亨颐、陈树人以及于右任、孙科等率先响应，热诚拥护，并说服许多人一起署名，要求国民党当局对"八一宣言"表态。

1936年1月28日，上海各界代表800余人，在上海市商会大礼堂举行纪念一·二八事变淞沪抗战四周年大会，会上正式成立了"上海各界救国联合会"。何香凝与宋庆龄、马相伯、沈钧儒、章乃器等30人被选举为理事，组成理事会。5月31日，全国18个省的60多个救亡团体以及第十九路军的代表70余人，在上海集会宣布成立"全国各界救国联合会"，旨在号召全国各地团结一心，共同抗日救亡。会议选举何香凝与宋庆龄、马相伯、邹韬奋等40余人为执行委员，通过了《全国各界救国联合会成立大会宣言》和《抗日救国初步政治纲领》。何香凝在救国会成立后，积极宣传抗日救国主张，呼吁各方团结御侮。此后，何香凝还发起组织国难书画展览会，以书画出售所得的收入，悉数捐赠给救国会作为救亡运动费用。

---

① 何香凝：《致蔡元培函》，载尚明轩、余炎光编：《双清文集》下卷，人民出版社1985年版，第125页。

何香凝与宋庆龄等人的活动，极大地鼓舞了广大群众，促使全国的抗日救亡运动走向高潮。国民党当局对此十分惊恐，他们惧怕以救国会为中心所发动的全国抗日救亡运动危及自己的统治。11 月 23 日，国民党当局以救国会援助上海日商纱厂工人罢工这件事为借口，将"全国各界救国联合会"的执行委员及主要负责人王造时、史良、章乃器、沈钧儒、沙千里、李公朴、邹韬奋七人逮捕，制造了震惊中外的"七君子"事件，妄图以此扑灭抗日救国的烈火。

12 月 16 日，何香凝与宋庆龄、马相伯等向全国发表的《七领袖被捕事件宣言》，对国民党当局无理逮捕爱国领袖提出抗议，要求立刻无条件恢复被捕人员的自由，释放一切因爱国行动而被捕者。《宣言》明确提出广大人民应该有参加和组织救国团体的权利，以便开展抗日救亡之活动，并严正声明："救国阵线的立场始终不变，而今后也决不会变更。我们的立场是要求全国人民，不分党派，不问信仰，不问地位，实行真正的精诚团结，停止一切内战，立即对日抗战，求得中国之自由平等。"[①]

在何香凝与宋庆龄等人的带动下，国内各地声援要求释放"七君子"的电文纷至沓来。北平文化教育界李达、许德珩等百余人联名致电国民党当局；上海市民 5000 人上书请愿；全国 20 余家报报社为此事发表评论文章，指责执政者对救国会的摧残和迫害，反对国民党当局"爱国有罪的暴政"；旅居海外的欧、美侨胞也纷纷致电南京政府或蒋介石，告诫不要"自毁长城"。甚至国民党内部的某些上层人士，出于民族的正义感和反对南京政府当局的倒行逆施，也加入了营救的行列，如冯玉祥、于右任等在

---

① 《救亡情报》，第 30 期，1936 年 12 月 18 日。

南京发起 10 万人签名营救运动；张学良亲赴洛阳面陈蒋介石，并在与杨虎城联名通电中，特别指出要"立即释放上海被捕之爱国领袖"。

"七君子"事件在国际上也引起了强烈反响。一些世界性的和平组织和国际知名人士都给予了极大关注，纷纷进行声援活动。英国哲学家罗素、皇家律师蒲理特、国会议员利蒲爵士和英中人民之友社秘书杨格夫人等，专门召开了英中人民之友社会议，作出营救"七君子"的决议；著名学者、教授如杜威、孟禄、爱因斯坦等 15 人致电国民党政府，要求恢复沈钧儒等人的自由；世界和平会议 30 位各国代表联名要求释放"七君子"等。

为配合"七君子"在法庭的英勇斗争，何香凝、宋庆龄等 16 人，于 1937 年 6 月间在法庭外发动了轰动一时的"救国入狱运动"，给国民党当局在政治上又一次沉重打击。

6 月 25 日，何香凝与宋庆龄、诸青来、彭文应、张定夫、汪馥炎、张宗麟、潘大逵、胡愈之、王统照、张天翼、沈兹九、刘良模、胡子婴、陈波儿、潘白山等 16 人，联名向苏州的江苏高等法院"呈文具状"，具体说明了他们发动"救国入狱运动"的目的和要求，提出："爱国如竟有罪，则具状人等皆在应与沈钧儒等同受制裁之列……爱国无罪，则与沈钧儒等同享自由。"何香凝与宋庆龄等坚定地表示：如果法院竟判决沈钧儒等有罪，或即使不判罪而长期羁押，就准备一起去法院，要求法官收押。何香凝为尽速营救"七君子"，7 月 4 日又致函宋子文和孙科，并请他们转达蒋介石，严正地指出救国抗日无罪。何香凝在信中既晓之以理，又动之以情，慷慨激昂地声讨了国民党当局破坏孙中山三大政策、迫害爱国人士的罪行，强烈要求立即释放"七君子"。7 月 5 日宋庆龄和"救国入狱运动"的其他发起人胡愈之等 12 人，怀着愤怒的心情，各带简单的行装，到苏州高等法院自请入狱，并与该院院长、首席检察官进行面对面的说理斗争。何香凝等四人因病、因事未能同去，但他们都表示"随传随到"。

"救国入狱运动"是营救"七君子"活动的高潮，有力地抨击了国民党当局不抗日却迫害镇压爱国者的罪行，激发了全国人民反蒋、抗日、救国的情绪和对"七君子"的同情，扩大了抗日救国运动的影响，并在全国掀起了一个"救国入狱运动"的高潮。"爱国有理""救国无罪"的怒吼震撼神州，全国各界纷纷响应，踊跃参加入狱运动，使国民党当局狼狈不堪，更不敢对"七君子"贸然判刑。7 月 7 日，日本帝国主义发动"卢沟桥事变"，中国抗日战争爆发，全国上下团结抗战的局面已经形成，国民党当局对"七君子"案件已难以继续审理，于 7 月 31 日宣告无条件释放七人。营救"七君子"的斗争，最终取得了完全胜利。"救国无罪"由历史作出了正确的结论。

3

联共抗日 力促团结

何香凝始终坚持孙中山制定的"联俄、联共、扶助农工"三大政策，是国民党左派进步势力的代表人物。九一八事变后，面对日本帝国主义灭亡中国的狂妄计划，何香凝坚定抗日立场，反对内战剿共、反对投降退让，积极主张国共第二次合作，建立抗日民族统一战线。

何香凝对蒋介石"攘外必先安内"的政策进行了坚决的斗争。面对日本帝国主义的步步紧逼，从东三省到热河，从长城抗战到华北事变，国民党当局一再对日退让，"内战频仍，民怨已极"，何香凝对此忧愤不已，多次敦促蒋介石放下党见，为了中华民族的共同利益，坚持孙中山的三大政策、联共抗日。

随着日本帝国主义加快侵略中国的步伐，中国共产党提出了全民族共同抗战的主张，得到了何香凝与宋庆龄的拥护和支持。何香凝与宋庆龄积极响应中共团结抗战的重要宣言，通过各种途径敦促国民党当局停止内战，放弃反共的政策，释放一切政治犯，在共同抗日的基础上实现第二次国共合作。她与宋庆龄以国民党左派的身份，在国民党内部推动恢复三大政策，还利用自己特殊的身份，帮助国共两党高层建立起沟通的渠道，推动两党走向和解，为抗日民族统一战线的形成作出努力。

1934 年 4 月 17 日，日本政府发表"天羽声明"，更加暴露出其企图侵占全中国的野心。为此，中共中央提出了《抗日救国六大纲领》，何香凝、宋庆龄等发起声势浩大的签名运动以响应中共中央的号召。4月20日，何香凝、宋庆龄等以《中国人民对日作战的基本纲领》为题公布《抗日救国六大纲领》，动员社会各界参与签名。《中国人民对日作战的基本纲领》提出的六项主张是：全体武装总动员；全国人民总动员；全体人民总武装；采取没收日本帝国主义在华财产等五项措施解决抗日经费；成立工、农、兵、学、商代表选举出来的全中国民族武装自卫委员会，同时设立地方分会和下层组织；联合日本帝国主义的一切敌人作友军，同时与一切对中国人民武装抗日同情援助或守善意中立的国家和民族建立友谊的关系。

6月，何香凝、宋庆龄、白云梯三人署名"发起人"，王克群、李达、王铁民等1779人署名"赞成人"，再次发表《中国人民对日作战的基本纲领》。胡汉民等国民党元老也参加签名，后来签名总人数达10万人。

1935年8月，刚刚结束长征到达陕北的中共中央发出《为抗日救国告全体同胞书》（即八一宣言），号召建立抗日民族统一战线。八一宣言发表后，何香凝与宋庆龄、柳亚子、经亨颐、陈树人、于右任、孙科等人率先签名，发起了签名响应《为抗日救国告全体同胞书》的活动，支持"停止内战，一致抗日"。10月10日双十节，何香凝发表《双十节的回忆与展望》一文，呼吁国民党当局放弃"攘外安内"欺骗民众的口号，释放政治犯，联合各党派共同抗日，"无论其为何党派，只要彼等站在民族国家的立场，有抵抗帝国主义的决心者，一律予以共同奋斗的机会"。

此外，何香凝还积极沟通国共两党关系，在促进国共谈判中发挥了特殊的作用。1936年9月18日，毛泽东委派潘汉年携带亲笔信及《中国共产党致中国国民党书》，到上海拜会宋庆龄，希望利用宋庆龄在国民党中的影响力，促成国共联合抗日。潘汉年还草拟了《恢复三大政策的提议》

给何香凝、宋庆龄、孙科,请他们运动国民党实力派签名连署。10 月 20 日起开始征集签名,何香凝与宋庆龄、孙科率先在提案上签名。何香凝为征集签名倾注心力,她与宋庆龄联名书写函件,派人持函及提案拜访张静江、吴稚晖、李石曾等人;借赴南京举办救伤救国书画展览会之机在南京征集签名。在何香凝的运作下,冯玉祥签名连署也加入征集活动中。11 月 7 日,冯玉祥陪同何香凝前往张继家征集签名。在张继家,看到何香凝与张继夫人崔振华谈论抗日救国之事,激动时还热泪盈眶,冯玉祥为此深受感动。通过何香凝等人的努力,最终参与提案连署的有 14 人,分别是:宋庆龄、何香凝、冯玉祥、张人杰、李石曾、孙科、鹿钟麟、石瑛、张知本、李烈钧、经亨颐、梁寒操、石敬亭、朱霁青。这些人中甚至包括一些"西山会议派"和其他曾经赞同分共、反共的人,出乎很多人的意外。

12 月 12 日,张学良、杨虎城在西安发动兵谏,拘禁蒋介石,要求"停止内战,一致抗日"。何香凝、宋庆龄对蒋介石个人和国民党当局都深为反感,但她们在西安事变发生之初就认识到此事关系抗战大局,主张和平解决事变,并为此准备一同赴西安劝说张学良释放蒋介石。当时,宋美龄也找到姐姐宋庆龄,恳请宋庆龄与中共代表联系,希望帮忙了解中共对西安事变的态度和动向,并出面斡旋,以保证蒋介石的生命安全。宋庆龄与中共中央驻上海的代表潘汉年联系,潘汉年将中共中央关于和平解决西安事变的方针和已决定派周恩来等代表到西安协商谈判的消息告诉了宋庆龄,并建议宋庆龄劝宋子文、宋美龄等前往西安与张学良、杨虎城及中共代表团共同商谈,谋求事变的和平解决。宋庆龄将中共方面的意思转告了宋美龄,并介绍潘汉年亲赴南京与宋子文、宋美龄面谈。宋子文、宋美龄后来突破何应钦等人的阻挠前往西安,对促成蒋介石的态度转变发挥了重要作用。12 月 24 日，经过周恩来与张学良、杨虎城及宋子文、宋美龄三方的艰苦谈判，蒋介石接受了周恩来提出的六项条件，西安事变和平解决。西安事变的和平解决是促成第二次国共合作扭转时局的枢纽。

西安事变后，何香凝与宋庆龄继续积极活动，加速抗日统一战线的形成。1937 年 2 月 12 日，在国民党五届三中全会召开前，宋庆龄和何香凝一起将提案《提议为外患日急请讨论扩大总理三大政策团结御侮案》面交正在上海养病的蒋介石。此后，又根据毛泽东的建议，修改提案的内容。何香凝还与孙科、于右任、张知本、冯玉祥、李烈钧、薛笃弼共同发出《致三中全会书》。何香凝为积极配合统一战线的建立，在 10 年未出席国民党会议后，欣然出席国民党五届三中全会。会上，她与宋庆龄等国民党左派人士共 13 人联名提出《恢复中山先生手订联俄、联共、扶助农工三大政策案》。

4
颠沛流离 坚韧不屈

1937 年 7 月 7 日，日本挑起卢沟桥事变，发动全面侵华战争，中国军民奋起抵抗，抗日民族统一战线正式形成，中国掀起了全民族抗战的高潮。7 月 16 日，蒋介石在庐山发表《抗战声明》，号召全民族抗战；7 月 31 日，蒋介石发表《告抗战全体将士书》，宣告战争已经全面爆发。8 月 13 日，日本帝国制造八一三事变，淞沪会战爆发。8 月 14 日，国民党当局发表《国民政府自卫抗战声明书》。

全面抗战后，何香凝更加积极地领导和组织抗日救亡运动。她虽已近花甲之年，但不顾多病之躯，广泛开展联络，发动各界妇女、进步人士参加救伤和慰劳的组织工作，酝酿建立上海妇女界抗日救亡团体。经过与宋庆龄等一道进行广泛号召、联络和紧张的筹备，以原妇女救国运动领袖为核心，团结了一批党政要人的夫人，1937 年 7 月 22 日创建了"中国妇女抗敌后援会"（简称"后援会"）。为了最大限度地团结妇女界一切抗日力量，何香凝建议宋美龄在南京成立"抗敌后援会"，并通电各省响应成立相应组织。8 月 1 日，在南京成立了以宋美龄为主席的"中国妇女慰劳自卫抗战将士总会"，并要求各地组织分会。8 月 4 日，何香凝将上海"后援会"改称"中国妇女慰劳自卫抗战将士总会上海分会"（简称"妇慰上海分会"），从属于"南京妇慰总会"，并向上海市各界抗敌后援会登记备案，由何香凝任主席，俞鸿钧和杜月笙夫人担任副主席。为了筹集军费，国民党政府发行 5 亿元救国公债。何香凝立刻予以支持，积极动员上海各界妇女开展献金活动，踊跃购买救国公债。何香凝拿出 50 元银洋，其他妇女领袖也都争相认购。

为着力培养救护人才，何香凝在上海举办了妇女救护慰劳工作训练班，经过训练后的人员分派到部队和后方医院服务。在何香凝的领导下，"妇慰上海分会"广泛团结各界各派妇女参加救亡运动，她们积极开展工作，有力地支援了淞沪会战。何香凝回忆道："所有备办救伤慰药物品的费用，都是从民间捐募得来，上海各界人民和华侨都很热心，捐了很多款物来。我家房子都放满东西了。我们办了四间伤兵医院，并每天晚上派车到接近前线的地方，接回伤兵。如有军队中缺乏药物的，都派军官派车子来向我取。我们是一视同仁，只要是抗日的，我们就一律发给药物和慰劳品。"何香凝根据前线抗日部队的需要，亲自组织"上海劳动妇女战地服务团"，一方面派出服务团前往嘉定抗战前线军队中进行战地服务，一方面组织妇女成立"缝纫团"日夜赶制和募集寒衣，并委派秘书胡兰畦携带大批寒衣送往前线。

淞沪会战中，谢晋元部坚守四行仓库孤军作战，抗击数倍于己的日军。何香凝深为谢晋元部的爱国精神所感动，10 月 29 日曾亲赴四行仓库慰劳孤军，被阻于老垃圾桥边不能通过。何香凝肃穆地向对岸注视，遥致钦佩之情。何香凝写下《致扼守闸北四行仓库诸壮士函》："你们每一个人，都已充满了孙总理和廖党代表的革命精神和牺牲精神，不论是成功或成仁，都可以俯仰无愧了……殉国的将士，将因为你们而愈伟大，前线的将士，将因为你们而愈英勇，全国的同胞将因为你们而愈加团结，国际人士也将因为你们而愈能主张正义了。"以此勉励他们"奋战苦斗，牺牲到底"。何香凝又设法给谢晋元部送去了食品和救伤用品，给予抗战将士巨大的鼓舞。

随着淞沪会战白热化，每天前来捐送棉背心、慰劳袋及毛巾、牙刷、饼干等物的爱国人士络绎不绝，何香凝的工作更加紧张，工作量很大，甚至全家动员支援前线。一次，何香凝派女儿廖梦醒携带慰劳品赴伤兵医院进行慰问，时仅五岁的外孙女李湄也坚持要一同去。到伤兵医院后，小李湄帮助分送背心和慰劳袋给伤兵，伤兵们感动得流泪，要小李湄唱抗日歌，小李湄便唱了抗日歌，又唱慰劳歌。由于小李湄年幼身矮，许多睡在地上稻草铺的伤兵看不见，便又要求小李湄站在桌子上再唱，小李湄又站在桌子上唱起来。伤兵们中有人问这是谁家的小姑娘，当告以是廖仲恺烈士的外孙女，又告以慰劳品是奉上海妇慰会主席何香凝之命送来时，伤兵们异常欢欣鼓舞，纷纷呼喊口号，表示伤愈一定重返前线，踏着烈士的足迹奋勇杀敌。

淞沪会战的三个月中，何香凝始终心系抗敌前线，所领导的妇女救亡组织对全民族的抗日战争作出了突出的贡献。

上海沦陷后，日伪军在上海猖狂横行。1937年12月，何香凝离开上海，前往香港。到达香港后，何香凝利用香港的特殊政治环境，又继续投身到抗日救亡运动中。

1941年12月8日，日本偷袭美国太平洋海军基地珍珠港和英国在太平洋的战略基地新加坡，太平洋战争爆发。

同时，日军进逼香港，日机轰炸启德机场，九龙战火突起。12月10日，廖承志匆匆赶到九龙的何香凝寓所安排撤离，当时过海轮渡断航，廖承志用重金雇到一条小船，先从九龙逃往香港。到香港后，他们暂住于蔡廷锴家中。12 月 25 日，香港当局向日军投降。香港沦陷后，日军及汉奸、特务到处搜查抗日的进步文化人士和爱国将领。当日军来到蔡家搜捕蔡廷锴时，得知蔡廷锴一家已经逃走，日军还有怀疑，何香凝立即用日语答话："是真的。"日军便问"你到过日本？"何香凝说："年轻时在横滨做佣工。"日军们看了看何香凝的两只粗糙的手方才肯相信。

之后，何香凝又移居到对面李济深家的木楼上。困在香港的日子里，何香凝在战乱中辗转迁徙。1942 年 1 月 15 日，何香凝经过化装，身穿广东劳动妇女惯着的唐装蓝衫，偕同身穿广东便装、毡帽戴在眉边的经普椿母女、两鬓长髯的柳亚子父女一起，离开香港。经过 8 个昼夜的航行，抵达广东海丰。①

何香凝到达海丰县城后，不顾旅途疲劳，立即为当地民众作了抗日救亡的讲演，参加的听众有 2000 余人。何香凝在讲话中，愤怒控诉日本帝国主义侵占我国疆土、残杀我国同胞的罪行，谴责国民党当局的不抵抗主义和投降主义，宣扬孙中山的爱国主义并赞扬八路军抗战的英勇精神，号召群众不分党派、不分地域，团结起来、一致抗日。当讲到"团结起来、一致抗日"时，全场群众情绪高涨，齐呼"打倒日本帝国主义！""抗战到底！"等口号。

何香凝在海丰仅逗留 10 多天，便又辗转至兴宁县、韶关等地。当时，粤汉铁路形势紧迫，何香凝力劝柳亚子早去桂林为妙，并请区觉孟写了介绍信，托付在湘桂铁路衡阳局办事的一位亲属给予照料，便送柳亚子父女到衡阳转桂林去了。

---

① 廖梦醒：《我的母亲何香凝》，香港朝阳出版社 1973 年版，第 62–63 页。

何香凝则等待与儿子廖承志汇合后前往。然而，何香凝却等来了儿子廖承志被捕的消息。廖承志在香港完成了营救任务后，乘渔船与东江纵队的队伍会合，然后从惠阳经老隆、韶关，到粤北乐昌。由于中共南方工作委员会组织部长郭潜被捕叛变，廖承志在乐昌坪石镇被国民党逮捕，随后被押禁于江西省泰和县马家洲的集中营。为了营救爱子，何香凝滞留在韶关近一年之久，利用各方面的关系努力，均毫无结果。无奈之下，1943 年 4 月，何香凝遂决定离开韶关前往桂林。但她一直十分牵挂儿子廖承志的安危。胡兰畦曾特地绕道桂林看望何香凝，据她回忆："她的头发白了，面色清癯，虽然桌上还摆着画具，却没有看见她作画。这时廖承志同志正被特务关押在江西泰和马家洲的集中营，先生很不宁静。我去见她时，她握着我的手半天不放开，深深地叹了一口气。我知道她心痛极了。我只好把我听来的话告诉她，说'听说他们对承志还优待'。何先生正色地说：'这是不可靠的。'我也知道是不可靠的，但我怕老人伤心，只好这么安慰她。我建议说：'比较好的办法还是多托几个元老派奔走，好些。'何先生说：'孙夫人、柳亚子都很尽力。'分别时我问何先生：'要不要带什么话给承志，我回去想想办法看。'何先生把两个小孩的照片交给我，准备带给承志，并告他家里平安。"何香凝始终挂念身陷囹圄的廖承志，即使自己颠沛流离、生活困顿，仍想尽办法营救爱子。何香凝经常和女儿通信，商量营救事宜。何香凝知道营救儿子需要大笔资金，于是便托人到重庆卖画。1944 年 8 月 16 日，何香凝致信廖梦醒说："16 日孟先生带来卖画款，转换之小金两片，已收到……囡囡进了中学，其身子如何？比前肥大否？汝弟在该处，救济及养料恐未充足（前三四个月托人带去用物，至今尚未有回音收到，使人挂心之极，究竟他近日情形如何，已去函数次亦未复），约每月1000元，两三月一次，如时局紧张，则多汇一些与他，吾若疏散往乡居，恐汇兑未便也。如用过你钱，以后再算。"廖承志入狱监禁达四年之久，直到1946年初才得获释。

从逃离香港到广西桂林，何香凝在日寇的炮火下，辗转数千里，历时达一年零三个月，这期间何香凝与中国共产党和人民生死与共、患难相依，成为她永生难忘的一段经历。

何香凝到达桂林后，由于日军空袭频繁，中共党组织为了保障何香凝祖孙四人的安全，帮助他们迁居到桂林东郊观音山麓一所"竹织批荡"的房屋居住。何香凝在居处开辟了一块菜地，与儿媳经普椿一起养鸡种菜，过着自食其力的生活。有时也靠卖画，补贴一家数口生活开销。期间，蒋介石曾派人"探望"何香凝并附100万元的支票。何香凝接到信后，提笔在信封背面写上"闲来写画营生活，不用人间造孽钱"，将来信和支票原封交给来人退回。

在桂林同何香凝住处毗邻而居者，恰巧是被蒋介石拘禁的原新四军军长叶挺。叶挺也在住处辟了一块地，养些羊和鸡以弥补困苦的生活。为了避开国民党特务的监视，叶挺常在何香凝家中会客交谈。

何香凝体弱多病，平日不多出门，但依旧积极参与爱国民主人士的集会及发起的各种救亡活动，并与李济深轮流邀请一些爱国人士召开座谈会或聚餐会，讨论时局，并将从中国共产党方面听到的来自延安、重庆及各战区的消息，及时转告与会者，时刻关心中国人民的抗日斗争。

1943年5月28日，何香凝兴致很高地参加了文化界进步人士在桂林"嘉陵川菜馆"为柳亚子五十八岁生辰祝寿活动，柳亚子和他的夫人郑佩宜当然是主客，到会的诗人名流有百余人之多，极一时之盛。

1944 年 3 月 8 日，桂林各界妇女集会隆重纪念三八节，何香凝在会上作了题为《纪念今年"三八"节，不要忘记大众的苦难》的讲话，说得慷慨激昂，全场响起如雷鸣般的掌声。

1944 年夏，日军为了挽回颓势，发动了豫湘桂战役，国民党守军连失重镇。6 月，日军占领长沙，不久即窜犯衡阳。桂林掀起群众性的献金捐款活动，慰劳前方将士。何香凝积极参加了书画义卖、街头献金和劝捐游行等活动。8 月，衡阳沦陷，日军进犯桂林，桂林沦陷前夕，何香凝带着两个孙儿女乘木船顺漓江先到阳朔，再至昭平。

在昭平，何香凝团结了许多进步人士，他们以张锡昌领导的工会职工 500 多人为骨干，成立了"昭平民众抗日自卫工作委员会"，推何香凝任顾问。何香凝每会必参加，参加必发言。何香凝常常说："要把群众充分发动起来，男的要起来，女的也要起来；有钱出钱，有力出力，保卫昭平，保卫中国。"何香凝积极地为自卫队募集寒衣和军饷，还经常访问、接待老百姓，勉励大家团结一致抗日救亡。在何香凝等人的积极推进下，昭平的各项抗日工作都开展得相当有成效，特别是群众自卫武装得到了发展和壮大，并在百步梯勇敢抗击窜犯的日军 40 人，打了个小胜仗。对此，百姓们十分欣喜，却也使某些人深为忌惮。时任广西省政府桂东行署主任、广西民团副总指挥蒋如荃在昭平设行营，因横征暴敛，欺负老百姓，遭到何香凝的谴责后怀恨在心。为此，他对何香凝进行刁难，借口部队缺乏营房，迫使何香凝从居住的国民中学迁出。

此后，日军进逼广西，形势再度紧张，又开始大规模疏散。广西当局请何香凝前往百色，蒋介石也想请何香凝去重庆。何香凝不愿为国民党势力所要挟，以路远崎岖，且年老携孙不便前往，而婉词谢绝。何香凝带着孙儿女离开居住了两个多月的昭平，沿漓江前往贺县的八步镇。八步是桂东山区的一个小镇，当时是平乐专区专员公署所在地。专员李新俊（柏林）是黄埔军校五期毕业的学生，他对何香凝优礼有加，将她们一家老少妥善安置。八步这个原本沉寂的山区小镇，顿时热闹起来。不少爱国知名人士如柳亚子、陈此生、千家驹、欧阳予倩等都曾到过八步。1945 年端午，避难八步的爱国友人举行纪念爱国诗人屈原的诗文会。何香凝到会致词勉励大家爱护祖国，学习屈原伟大的爱国精神，在各人岗位上参加抗日救国工作，争取早日收复失地，并念诵了她创作的诗句。在八步镇的生活，依旧动荡不安，曾发生了广西地方反动军官叛乱，叛匪 2000 多人袭击八步镇。何香凝仓促避乱，衣物行李大部分散失。不久又遇盗贼，仅有的一些衣服也被席卷一空。何香凝却不以为意，清贫度日，直到抗日战争胜利。

何香凝在颠沛流离的流亡生活中，充满了革命的乐观主义精神和对抗战胜利的坚定信念，她为了记述往事，或感时伤怀，或排遣忧愤，或直抒胸臆，创作了许多诗篇留传下来。同时，她画笔也很勤，创作了多幅作品，并将画交给友人，请代为在重庆组织义卖。

5
反对投降 团结抗日

1938 年年初，何香凝迁居香港后，连续发表政论文章，阐述对政局的意见。何香凝一再强调要求恢复孙中山先生制定的三大政策。认为要实现抗战的最后胜利，就需要联合各党各派精诚合作，巩固团结，反对分裂，坚持抗战到底，只有这样才是中华民族复兴的唯一途径。

3 月 29 日至 4 月 1 日，国民党在武昌召开了临时全国代表大会。通过了《改进党务并调整党政关系案》《抗战建国纲领决议案》《组织非常时期国民参政会以统一国民意志增加抗战力量案》等提案，发表了大会宣言和《抗战建国纲领》。国民党当局宣布："抗战之目的，在于抵御日本帝国主义之侵略，以救国家民族于垂亡；同时于抗战之中，加紧工作，以完成建国之任务。"要使"抗战建国""同时并行"。关于抗战问题，宣言说："此次抗战为国家民族存亡所系，人人皆当献其生命，以争取国家民族之生命。"为获得最后胜利，"决不辞任何之牺牲"，表示要坚决抗战。但另一方面又说，希望日本"幡然变计，放弃其侵略主义"，谋求同日本实现"合于正义之和平"。宣言强调"国家至上"，说在抗战时期"阶级斗争更不容许其发生"，因此各政党要作"政治的休战"；强调"政治统一"，说"自由与统一"必须"兼顾"。关于自由，一方面说"政府对人民之自由，必加以尊重"，另一方面又说"同时亦必加以约束"。这些都表现了国民党既要抗战，又害怕人民在抗战中发动起来的矛盾状态。

何香凝看到大会宣言和《抗战建国纲领》后，为它的进步而高兴，认为这是中国人民几年来斗争，尤其是 9 个月来抗战的成果，应该采取拥护的态度，同时又必须推动国民党向进步方面发展。4 月 14 日，何香凝与宋庆龄联名发表了《拥护〈抗战建国纲领〉，实行抗战到底》一文，表明她们对于抗日救亡运动的具体主张。该文既肯定临时代表大会制定的抗战建国方针，"确为保证彻底胜利之先声，亦即为本党今后矢志完成总理遗志的宣誓"；又针对其不足，提出了"重振党纪""尊重民意，实行民权"等七项关于坚持抗日到底的具体主张。这七项主张是很全面的，包括了制裁国民党的腐败行为，保障人民民主权利，各党派精诚团结，坚持抗战到底，反对中途妥协，改善人民生活，等等。这些主张，与中共中央 1937 年 8 月向全国提出的《抗日救国十大纲领》遥相呼应，实际上是旗帜鲜明地宣传了中共中央的政治主张。这是何香凝与宋庆龄在抗战爆发后第一次发表全面的政治主张，体现了充分发动民众、实行全民抗战的路线，其中心思想是："坚持抗战和团结，反对投降和分裂。"

然而，随着正面战场形势的变化，很快发生了汪精卫叛国和国民党反共高潮等投降、分裂活动。汪精卫是中央政治委员会主席、国防最高会议副主席和国民参政会议长。集团主要成员有国民党中委、宣传部长周佛海，国民党中委、政府实业部长陈公博等。对日抗战刚开始，汪精卫就主张妥协投降，宣传"战必大败，和未必大乱"。汪精卫曾说：卢沟桥事变以后，对于中日战争，没有一刻不想着转圜。"我对于觅得和平的意见在会议里不知说过多少了，到了广州丢了，长沙烧了，我的意见，更加坚决，更加期其实现。"

1938 年年初，汪精卫派外交部亚洲司司长高宗武等人同日方联系，探求日本意图。在获悉日方希望由他出面收拾时局后，10月下旬汪精卫指定高宗武和梅思平为他的代表，与日方交涉。第二次《近卫声明》发表后，汪精卫又派梅思平等人带着"和平基本条件"到上海和今井武夫商讨，并拟订了汪精卫集团叛国投敌的具体行动计划。11月20日，高宗武、梅思平与日方代表影佐祯昭、今井武夫签署了反共卖国的《日华协议记录》。12月18日汪精卫等潜离重庆飞抵昆明，19日和周佛海等叛国外逃至河内。22日日本政府按预定步骤发表了第三次《近卫声明》。29日，汪精卫发表致蒋介石的"艳电"，表示其支持对日妥协的政策。汪精卫宣称愿以近卫三原则与日本作"和平之谈判"，"不但北方各省可以保全，即抗战以来沦陷各地亦可收复，而主权及行政之独立完整，亦得以保持"。1940年3月，在日本的扶持下，汪精卫在南京成立伪国民政府，担任伪政府代主席兼行政院院长。汪精卫的叛国投敌举动，激起全中国人民的极大愤怒。全国各界纷纷举行"讨汪"集会和发表"讨汪"通电，要求下令通缉汪精卫等，并给予制裁。

何香凝对汪精卫的叛国投敌十分震惊。此前，何香凝曾敏锐地觉察到国民党内有一股妥协投降的暗流，于是在1938年10月28日，何香凝、宋庆龄、陈友仁等六人联名致函国民党政府主席林森、蒋介石、孙科等委员，指出："当广州弃守之日，汪精卫先生忽对路透社记者发表公开谈话，举国惶惑。"坚决要求"对于淆乱人心，影响抗战之言论，必当明令制止""主和分子，必当摒弃"。但令何香凝没有想到的是，这封信发出不到两个月，汪精卫竟公开叛国投敌。

何香凝与汪精卫虽有"三十余年曾共患难的友情"，但在汪精卫的"艳电"发出之次日，立即著文在香港《星岛日报》发表了《斥汪精卫》，逐一驳斥了"艳电"所提出的纲领，严厉谴责他投降卖国的罪行，指出：汪精卫"所谓'防共'就是灭华……共同防共实际上是请人灭华而已"，实质就是汉奸卖国贼！何香凝要求"立即开除汪精卫党籍"，对其严加惩处。1939 年八一三事变两周年前夕，何香凝又发表《纪念"八一三"再斥汪精卫》文章，痛斥汪精卫是叛国变节与背弃三民主义事业的"遗臭万年的汉奸"，"只要是炎皇帝胄莫不愿生啖其肉的"，并历数其多次出卖革命的丑恶嘴脸。何香凝特别强调，汪精卫的教训就是要"忠实于总理的遗教，尤其要忠实于总理晚年提出的主张——因为这正是集总理四十年思想经验的结晶——保持总理传统的三大政策与其革命精神"，坚决维护和巩固抗日民族统一战线。"要中国抵抗帝国主义侵略的奋斗得到胜利，就必须实行三大政策；要中国沦亡给帝国主义，就只好取消三大政策。这三大政策的基本精神便是：'唤起民众'与'联合世界上以平等待我之民族'。只有切实唤起民众，我们才能够真正实行人力物力总动员；只有切实实行联合反侵略、维护民主国家及以平等待我之民族。"何香凝在抗战期间，一再坚定地指出：必须切实按照孙中山的"三民主义三大政策精神，并且要不折不扣做去"，以及必须要"毫不留情地严办一切叛国、叛党、投敌、主和的汉奸败类"。

汪精卫叛国的同时，蒋介石也开始执行"消极抗日、积极反共"的政策。武汉、广州失陷前，虽然由于日军进攻直接危害了国民党的利益，蒋介石把重点放在抗日方面，但是其并未放弃反对民主、坚持独裁和压制人民的基本立场。全面抗战以来，中国共产党的力量迅猛发展和正面战场上国民党军队作战的损失，使国民党统治集团深感畏惧。当日本修改侵华政策之后和正面战场的战线大致稳定之时，国民党的对内政策出现了变化。

1939 年 1 月召开的国民党五届五中全会，是国民党政府改变对内政策的重要标志。全会虽然声言"坚持抗战到底"，但是按照蒋介石的解释所谓的"抗战到底"，就是恢复卢沟桥事变以前的状态。这就是说东北可以不要，华北也可仅维持形式上的统治，只要能保存华中华南就可以罢战言和。另外，蒋介石在全会上作了《唤醒党魂发扬党德与巩固党基》和《整顿党务之要点》的演讲。蒋介石表示：党内有"许多重大的缺陷"，外有"华北各地共产党的竞起"，国民党处于"艰险"的环境中，长此下去将"趋于消灭"，是"夙夜不能忘怀的衷心忧虑"。会议确定了"防共、限共、溶共"的方针，设立了"防共委员会"。会议决定设置国防最高委员会，统一党政军的指挥，由蒋介石任委员长。

会后，国民党当局陆续制定了《限制异党活动办法》《异党问题处理办法》《处理异党实施方案》《沦陷区防范共产党活动办法草案》《陕甘两省防止异党活动联络办法》等一系列反共反人民的法令。这些反动法令提出：要在军事、党政和行政方面，采取各种措施，取消陕甘宁边区政府和各抗日根据地的民主政府；严禁第十八集团军的发展；取消共产党的抗日民众运动及所组织的抗日群众团体；禁止共产党进行抗日宣传和传播共产主义思想，不许共产党所办的报章、杂志、书店及印刷所等继续存在；派遣"忠实党员"打入共产党各级组织和共产党领导的各种民众团体及游击部队；加强国民党各级党部，"策动全体党员，从事共产党活动防范之调查监视等工作"；"积极加强并统一本党之民众运动"；利用中统局在各地的情报网和特工人员，运用保甲组织，"使各阶层民众，皆在本党领导之下"，"以杜绝共党活动之机会"，如此等等。

在这些反共法令指导下，国民党加紧进行反共反人民的活动，摩擦事件不断发生。1939 年 4 月，山东省主席沈鸿烈指使秦启荣部在博山等地袭击八路军山东纵队第三游击支队，残杀指战员四百余人。6 月，河北省保安司令张荫梧部袭击冀中深县八路军后方机关，残杀指战员四百余人；湖南国民党军队根据蒋介石的密令杀害了新四军平江通讯处的干部罗梓铭、涂正坤等 6 人。9 月，国民党军队在湖北东部围攻新四军后方机关，残杀共产党员五六百人。11 月，河南国民党军队和特务，围攻确山县竹沟镇新四军留守处，杀害新四军伤病员及家属 200 余人。12 月，胡宗南部袭占陕甘宁边区淳化、旬邑、正宁、宁县、镇原五座县城；阎锡山发动十二月事变，进攻决死第二纵队和晋西独立支队，并配合蒋军进攻晋东南的决死第一、三纵队。1940 年春，朱怀冰部进攻八路军总部所在地太行山。国民党政府掀起了第一次反共高潮。

何香凝对于国内政治逆流日益泛滥、时局日趋恶化深感忧虑。在致力于募集物资支援敌后抗日根据地等抗日救亡活动的同时，何香凝连续发表了《"三八"我要说的话》《孙中山先生的伟大》和《保卫胜利的条件》等多篇文章或讲话，呼吁国共两党真诚合作，团结抗战。她指出抗战胜利的路途艰辛与漫长，"必须加紧团结……团结是抗战的必要前提，离开了团结而侈谈抗战，是不能想象的事"。因此，"必须把一切破坏团结的因素排除，才能巩固团结，保证胜利"。[①]

针对反共高潮，中共中央多次发布指示，指出凡遇国民党军的非理进攻，"决不能轻言让步"，应"在有理又有利的条件下坚决反抗之"。遵此方针，各有关地区的八路军分别粉碎了国民党军的军事进攻，打退了国民

---

① 何香凝：《保证胜利的条件》，载尚明轩、余炎光编：《双清文集》下卷，人民出版社 1985 年版，第 349 页。

党发动的第一次反共高潮。

第一次反共高潮虽然被打退，但国民党政府并不善罢甘休。1940年春夏，德军横扫欧洲。9月，日本同德、意两国成立三国军事同盟，并加紧引诱国民政府议和。同时，英、美害怕蒋介石投降，开始加大力度支援国民政府。在此情况下，蒋介石认为趁机发动一次反共活动，打击共产党的力量，把中国的命运完全掌握在自己手里，既不会受到英、美的反对又可以讨好德、日。10月19日，何应钦、白崇禧在蒋介石的指使下，以国民政府军委会正副参谋总长的名义，发出致朱德总司令、彭德怀副总司令和叶挺军长、项英副军长的"皓电"，诬称在敌后坚持抗战的八路军、新四军"自由行动""自由扩充""破坏行政系统""吞并友军"，限令八路军、新四军各部队于一个月内全部开到黄河以北。与此同时，蒋介石密令汤恩伯、李品仙等部30万大军及顾祝同部，准备向华中新四军大举进攻；又将包围陕甘宁边区的军队增至20万之众。11月9日，中共中央以朱彭叶项名义发出回复何白的"佳电"，对"皓电"进行了有力地驳斥，表示坚决拒绝国民党要八路军、新四军限期撤到黄河以北的命令。但是，为顾全团结抗战的大局，"佳电"表示同意将皖南新四军部队移到长江以北。

1941年1月4日，新四军军部及在皖南的部队9000余人，从泾县云岭出发。1月5日，到茂林地区时，遭到国民党军队的包围和袭击。1月6日，顾祝同所属上官云相等部8万多人，在蒋介石"一网打尽，生擒叶项"的密令下，向新四军发起总攻。新四军指战员与国民党军队进行了七昼夜殊死的战斗，终因众寡悬殊，伤亡过大，弹尽粮绝，陷于危殆之中。为挽救危局，保全部队，叶挺致书上官云相，责其背信弃义，并表示愿往上官总部协商。叶挺一到上官云相处即被扣押。1月14日，新四军阵地完全被占领。除约 2000 人在黄火星、傅秋涛率领下突出重围外，全军大部分人壮烈牺牲，项英遇害。这就是震动中外的皖南事变。皖南新四军的失败，使反共顽固派冲昏头脑，1 月 17 日蒋介石宣布新四军为"叛军"，取消"新四军"番号，将叶挺军长交付"军法审判"，气焰十分嚣张。至此，这次反共摩擦达到了顶点。

在皖南事变前夕，面对紧张的时局，何香凝曾以国民党元老资格发起，特邀请宋庆龄、柳亚子和彭泽民联名起草了一封致蒋介石及国民党中央执行委员、监察委员的公开信，急切地希望制止事态的恶化。信中，分析了抗战五年来的形势和任务，指出了当时的严重局势，并重申孙中山的三大政策，要求撤销剿共部署，坚持实行联共抗日；认为进攻共产党只能削弱抗日力量，破坏抗日民族统一战线，强烈要求国民党最高当局"遵守总理遗训，力行吾党国策，撤销剿共部署，解决联共方案，发展各种抗日实力，保障各种抗日党派"，以利于统一战线的巩固和抗日战争的胜利。

这封公开信印好正待国新社发放各报馆时，皖南事变爆发，国民党当局严密封锁新闻，不准中外报纸作任何报道，甚至不惜以杀害被扣的叶挺相威胁。何香凝、柳亚子以国民党释放叶挺为条件，答应不公开发表这封信。

1 月 18 日，何香凝与宋庆龄、陈友仁联名向蒋介石发电，对皖南事变表示极大的愤慨和严厉的谴责，痛斥这一破坏抗战、反共分裂的倒行逆施。电报中说："弹压共产党则中国有发生内战之危险"，强烈要求国民党当局"今后必须绝对停止以武力攻击共产党，必须停止弹压共产党的行动"。

公开信和电报，痛斥了蒋介石破坏抗战的严重罪行，虽遭到国民党当局封禁，但仍在民间广为流传，全国人民对国民党顽固派的行为也进行了猛烈的抨击，苏联和英美等国政府、舆论也进行批评，指出皖南事变无异于扩大中国内战。这些沉重地打击了蒋介石为首的反共势力的嚣张气焰。蒋介石慑于何香凝与宋庆龄的特殊身份和社会威望，又不敢公开反对，转而迫害国民党左派柳亚子，4月2日国民党五届八中全会将同盟会元老、国民党中央监察委员柳亚子开除国民党党籍。4月5日，何香凝对这样颠倒黑白的行为进行驳斥和谴责，挺身而出仗义执言说："这封公开信是我发起的，为何不开除我的党籍？"为表示对中国共产党的支持，4月8日，何香凝特为中共在香港创办的《华商报》题词："团结抗战，抗战必胜；真诚合作，建国必成。"

下半年，何香凝撰写了《纪念抗战四周年》一文，呼吁加强国共合作，共同抗战到底。文章谴责了国民党当局"四年来种种之不堪回首事，令人啼笑皆非事，种种对内惨史"，向国民党政府最高当局要求对这些亲痛仇快的事情，"勿再重现于抗战之第五年度"。接着，何香凝又利用各种纪念日连续撰文，阐述团结抗战的主张。何香凝先后发表了《改组国民党的前后回忆》《忆总理蒙难》《实现总理三大政策》《全世界反法西斯侵略勇士联合起来——为廖仲恺遇难纪念日而作》等文章，缅怀孙中山革命道路，强调坚持三大政策，维护抗日民族统一战线。

在何香凝为代表的一大批爱国人士的正义之声中，蒋介石受到了国际国内舆论的强烈谴责，陷入孤立被动的境地。他只得表示皖南事变"不牵涉党派政治"，"保证以后决无剿共军事"，并约周恩来谈话，表示可提前解决释放被扣人员，继续发饷，减轻对《新华日报》限制等问题，就此这次反共高潮终于平息了下来。

第六章

从呼吁"和平建国" 到参与缔造新中国

1945 年 8 月 15 日，日本宣布无条件投降，中国人民赢得了抗日战争的最后胜利。战后，国内以中国共产党和国民党为代表的阶级力量对比发生了深刻的变化。

国民党政权通过受降和接收日伪产业，国家垄断资本主义空前膨胀，垄断地位大大增强。同时国民党政府获得了美、苏两大国的支持，国际地位迅速提升。但是，由于国民党官僚体系的腐败行为使战后重建一片混乱，收复区物价飞涨，民怨沸腾。与此同时，中国共产党领导的人民革命力量空前壮大，革命统一战线日益巩固和扩大，中共的政治声望大大提高，成为人民的希望所在，改变国民党的反动统治，建立独立、和平、民主、富强、统一的新中国成为社会各界的普遍愿望。

在抗日战争后期，以何香凝为代表的国民党左派进步力量便积极筹划，为实现孙中山的意旨，建立资产阶级民主国家，反对国民党法西斯专政，实现民主政治而奔走。他们同中国共产党结为同盟，在促进政协会议召开、维护政协路线、反内战、争取和平的运动中，发挥了重大作用。

抗日战争胜利后，蒋介石不顾人民要求和平民主的愿望，坚持内战。何香凝和其他国民党民主派组织起来，草拟了《中国国民党民主促进会章程》，要求民主，实行孙中山的三大政策。1946 年 3 月，何香凝和李济深等发起成立了中国国民党民主促进会，以实现革命的三民主义，以建立独立、自由、民主、幸福的新中国为最高标准；主张结束蒋介石独裁专政，根据孙中山"天下为公"精神，成立各党派民主联合政府。"民促"建立后积极联络国民党内民主派人士，开展民主运动，并利用各种关系做国民党军队将领工作，动员不参加或反对内战。不久，为避开蒋介石迫害，何香凝随该会中央机构迁至香港。

1947 年 11 月 12 日，国民党内的民主派人士在香港联合召开了代表大会，宣布脱离蒋介石控制的国民党，另组新党，提出推翻蒋介石独裁统治，建立和平、民主和幸福的新中国的主张。何香凝在大会开幕讲演中，宣布该党的奋斗目标是："要真正的三民主义，实行三大政策；并号召大家诚心诚意地为继承孙中山未竟之志而努力。" 1948 年 1 月，中国国民党革命委员会在香港成立，李济深任主席，何香凝任中央常务委员。"民革"的成立，实现了国民党党内民主派的大联合，标志着中国国民党民主派已经彻底和国民党反动派决裂，完全站到人民革命方面来了，蒋介石反动派已经彻底孤立，中国民主革命高潮已经到来了。"民革"成立后，立即投入到了人民解放斗争中，为民主革命的胜利和新中国的建立作出了贡献。

1948 年 5 月，何香凝和各民主党派、无党派的民主人士发表声明，响应中国共产党《纪念"五一"劳动节口号》，声明接受中国共产党的领导。1949 年 4 月，何香凝应中共中央邀请，离港奔赴北平，受到了朱德、周恩来、邓颖超等的热烈欢迎。6 月，何香凝参加了中国人民政治协商会议的筹备活动。9 月，何香凝出席了新政协第一次全体会议。何香凝的女儿廖梦醒、儿子廖承志都被选为代表，参加了会议。会上，何香凝当选为中央人民政府委员，以崭新的姿态投入了新的生活。

1

力促和平 民主建国

历经多年苦难，经过浴血奋战，取得抗日战争的最终胜利后，何香凝等和全国人民一道沉浸在无比的激动和欢乐之中。与此同时，中国正面临着两种命运、两个前途的抉择，国民党爱国民主力量也随之将迎接一场新的斗争和考验。

在欢庆之余，何香凝立即转向对和平建国的殷切关注。在中国往何处去的问题上，何香凝明确而坚定，她对蒋介石卖国、独裁、内战的反动政策深表愤慨，坚决拥护中国共产党关于建立广泛的革命统一战线的主张。于是，何香凝更加积极地号召组织国民党内的民主力量，并进一步拟出政治纲领和组织章程草案，提出了要求民主、反对独裁、实行孙中山三大政策的政治主张。

此时，迫于国际上美、苏的压力和全国人民对和平团结民主的强烈要求，1945 年 8 月 14 日、20 日、23 日，蒋介石三次电邀毛泽东到重庆谈判。28 日，毛泽东、周恩来、王若飞三人在美国驻华大使赫尔利、国民政府代表张治中的陪同下，从延安乘专机赴重庆，重庆谈判开始。何香凝获悉毛泽东率领的中国共产党代表团抵达重庆与蒋介石共商建国大计的消息后，于 9 月 5 日特致电蒋介石和毛泽东，对国共两党共同"商议和平建国、民主合作"之事，表示"不胜欣慰"。何香凝在电报中恳切希望国共两党"依照（孙）总理北上宣言及临终遗训，即行召集各党派代表、各界贤达共商国是，并明令许可人民集会、结社、言论、出版自由，释放一切爱国政治犯"，"以正中外视听"，并"安慰总理在天之灵"。

经过 43 天的艰苦谈判，10 月 10 日，国共双方代表签订《政府与中共代表会谈纪要》，即双十协定。国民党当局接受中共提出的和平建国的基本方针。双方协议"必须共同努力，以和平、民主、团结、统一为基础"，"长期合作，坚决避免内战，建设独立、自由和富强的新中国"。双方还确定召开各党派代表及无党派人士参加的政治协商会议，共商和平建国大计。此外，谈判还达成迅速结束国民党的"训政"、实现政治民主化、党派平等合法、释放政治犯等协议。

双十协定签订后，何香凝积极支持，修书给宋庆龄、宋子文和孙科，请代其向蒋介石进言，指出："……将士和民众的痛苦与牺牲已经太大了，再经不得流血破坏了。团结和平是全国民众的一致要求。我们不要因为党派的利害问题而破坏国际的友好与和平，我们要宝贵青年和民众的血，留作建国之用。"并极为诚挚地说："我们四人都是亲受孙中山先生的临终嘱言的人。我们不忍看见在国外的压迫解除之后，民族的前途又陷于黑暗。我不能到重庆去，希望你们三位向蒋先生苦言力争停止内战，一切问题以政治协商求得合理解决。"力促国民党政府履行协议，停止反共军事行动。

同年 10 月，何香凝从广西八步起程，经梧州，返回广州暂居。在广州期间，主政广东的张发奎经常前来拜访，希望何香凝能支持国民政府，参与政事。何香凝因对国民党当局失望透顶，不愿与其为伍，也感到在国民党治下的广州活动受到限制，不能自由表达政见。于是，12 月下旬，何香凝离开广州，返回香港家中。

1946 年 1 月，何香凝的儿子廖承志在重庆被释出狱。4 月，廖承志作为中共代表回到广州，与国民党广东当局商谈东江抗日游击队北上的问题。何香凝闻讯，便携带孙子乘机到广州，阔别多年的母子终于有了短暂的团聚。5月，廖承志离开广州随周恩来赴南京工作。之后再次离别的三年中，何香凝与儿子廖承志在中共领导的统一战线中，反内战、反独裁，为新中国的诞生贡献了力量。1949年中华人民共和国成立，母子二人重聚于新中国首都北京。

为了实现和平建国的目标，何香凝努力团结发动国民党民主派组织。抗战胜利后，何香凝就草拟了《"中国国民党民主促进会"的章程（草案）》，并征得了李章达、李济深、蔡廷锴等人的同意。回到广州后何香凝又当面向蔡廷锴等人强调："要搞就要与共产党合作，如再搞分裂，我就不干了。"1946年3月，何香凝和李济深等发起成立了中国国民党民主促进会，该会宣布忠诚于孙中山革命的三民主义和三大政策，要求蒋介石立即停止内战、结束独裁专制，成立各党派的联合政府，为建立新中国目标而共同奋斗。

随着，蒋介石和国民党反动派"假和平、真内战"的本质日益暴露，何香凝与国民党进步力量，同全国人民一道投入了反内战、反独裁，争取和平、民主、团结、联合建国的斗争之中。

6月23日，何香凝与彭泽民、蔡廷锴等98人联名，同时发出三份电报，分别致电相关各方，坚决反对内战，呼吁阻止中国内战、为谋中国和平出力！毛泽东在接到电报后，复电给何香凝、徐傅霖、彭泽民、李章达、蔡廷锴等表示感谢。6月26日，蒋介石集团大举进攻中共领导的中原解放区，全面挑起内战。身在香港的何香凝，立即发表了《坚决反对内战》，愤怒谴责蒋介石破坏和平、挑起内战、涂炭生灵的行为。6月30日，何香凝再次与彭泽民等 100 多人联名发出三份电报，分别致电蒋介石、毛泽东和美国大使马歇尔，要求蒋介石"立颁永久停战之令，国内党争以政治协商方式解决"；对毛泽东则"务恳先生和平为怀，相忍为国，尽最大与最后之努力，谋永久和平之实现"；对马歇尔则希望"贵国的对华政策有更贤明有远见的措施"。

7 月 22 日，宋庆龄发表了著名的《关于促成组织联合政府并呼吁美国人民制止他们的政府在军事上援助国民党的声明》。何香凝立即响应宋庆龄声明，一方面，与李章达等 100 多人于 7 月 26 日联名致电美国参众两院和美国人民，重申宋庆龄声明的内容，要求他们能"本着美国人民优良传统的独立和民主精神，督促你们的政府，立即实行撤退驻华美军，停止对华军事援助"，以加速中国和平民主统一的进程；另一方面，与彭泽民等 44 人 7 月 28 日通电全国，响应《声明》，呼吁制止内战，实现民主联合政府。8 月 22 日，何香凝与蔡廷锴、彭泽民、李朗如联名写信给宋庆龄，再次表示拥护她的声明，希望她以通电形式或者发表谈话反对伪国民大会，领导团结民主力量，挽救国家民族危亡。

同时，何香凝还发表了《为纪念廖仲恺先烈告黄埔军官同学书》，何香凝赞扬黄埔学生确实不辱使命，在北伐、抗日战争中取得成功，屡立战功。告诫黄埔学生们要谨记孙中山意旨，做三民主义的忠实信徒，做人民爱护的军人，顺从全国民意，"要民主和平，要安居乐业，要建设三民主义自由独立富强的新中国"，要求他们"一切以民主和平建国为目的"，凡是相反相悖的，必须一概拒绝。

此时的何香凝虽然对蒋介石非常失望与厌恶，但还是对蒋介石国民党当局停止内战仍然抱有一线希望，她依旧为和平民主建国"尽最大与最后之努力"！大声疾呼希望国民党当局能够回到孙中山的联共政策，重新开启政治协商，实现全国休战，进而实现永久和平。但国民党残酷镇压民主运动、迫害民主人士的举动以及"国民大会"的召开，彻底打破了何香凝对国民党当局的幻想。

2
创建民革 反对独裁

1946 年 2 月 10 日，国民党当局指使暴徒在重庆殴打出席庆祝政治协商会议成立大会的郭沫若、李公朴等人，制造了较场口事件。何香凝闻悉立即与彭泽民等 21 人联名发出慰问电，对国民党当局制造较场口事件深为愤慨，要求国民党当局"严惩暴徒及主使人物，并负责保证以后在任何地方不得再有同样之事件发生"。7 月中旬，爱国民主人士李公朴（时任民主同盟中央执委兼教育运动委员会副主任委员）、闻一多（时任民主同盟中央执委兼云南省支部常委）在昆明先后惨遭国民党特务杀害。何香凝甚感震惊，无限悲愤，于 7 月 14 日和 17 日先后同彭泽民、李章达等联名致电李公朴夫人张曼筠和闻一多家属表示慰问和吊唁。他们愤慨地责问国民党当局："魑魅横行，至于此极，人间何世，正气何存？"表示："同仁等一息尚存，誓与民主逆流特务暴力奋斗到底，以竟公朴、一多二先生之遗志。"并坚定相信"民主必张，暴力必亡"。

蒋介石为了取得美援，维护独裁统治，还妄图为反动政权披上"民主"外衣。11 月 15 日国民党纠集民社党、青年党及个别"社会贤达"，在南京召开了"国民大会"。这次国大的任务是制定宪法，故称为"制宪国大"。12 月 25 日通过了《中华民国宪法》，国大闭幕。这部伪宪法表面上维持国会制、责任内阁制、地方自治制，实质上是总统独裁制，立法院起不了代议制作用，行政院是总统独裁的工具，它以根本大法的形式确认了蒋介石的专制独裁统治。

1947 年元旦伪宪法颁布之日，何香凝联合彭泽民等九人发出通电，明确表示："同仁等对于国民党当局此次所颁布之宪法誓不承认，并号召海外侨胞群起而反对之。"此后，国统区的白色恐怖加剧，很多进步人士为躲避暗杀和迫害，纷纷避居香港。为了团结爱国进步力量，反对蒋介石的独裁专制政策，争取和平民主，1947 年 6 月，何香凝、李济深等在香港发起组织"中国民主和平运动联盟"。这个组织成为后来"民革"的重要基础，并第一次正式提出了争取民主和平、推翻蒋介石独裁政府的目标。

6 月 17 日，何香凝与李济深联名发表《致海外同胞同志书》《告全国军政人员书》等文，历数国民党当局撕毁政协决议、践踏民主、屠杀工农、破坏孙中山三大政策等八大罪状，号召海外同胞响应和平民主运动。此后，何香凝与李济深、朱学范等进一步商谈联合国民党民主派的问题，一致认为需要成立一个组织"把国民党内的爱国分子组织起来"。

7 月初，何香凝的女儿廖梦醒以探望女儿李湄的名义前往香港，将何香凝与李济深等六人起草的《上孙夫人书》带到上海，亲手交给宋庆龄。何香凝、李济深希望请宋庆龄南下香港，领导筹备中的国民党民主派组织。据廖梦醒回忆：密信是写在一块洁白的绸子上，又将这块绸子缝在她衣服的夹层里带给宋庆龄，敦请她南下主持准备马上成立的"中国国民党革命委员会"的中央工作。

何香凝和李济深、谭平山、蔡廷锴、柳亚子、陈此生等人在香港紧锣密鼓地正式筹备，先后举行过十几次相关的大小会议，讨论组织名称、纲领、领导人选等重大问题。何香凝参加了所有的重要会议，并起到了关键作用。比如，组织定名，柳亚子建议用"中国国民党民主联盟"，但当时有许多人，因厌恶蒋介石集团反动统治，认为"国民党"三个字已经烙下了蒋介石的反动印记进而不愿使用"国民党"名称；何香凝则主张保留"国民党"三个字，并解释说："当前南京政府在战场上已经败北，国民党内部人心惶惶，不少人对各自的前途正在抉择，形势需要我们这样做。在当前形势下，只有团结可以团结的力量，我们这个组织才会兴旺发达，才能在与共产党真诚合作中发挥分化敌人的作用。"何香凝的建议得到了与会同志的赞同，大家同意采纳她的提议。10月，宋庆龄给何香凝捎来口信，建议即将成立的革命组织定名为"中国国民党革命委员会"。

10月26日，李济深、何香凝、谭平山、蔡廷锴、柳亚子、陈此生等在"民革"的筹备会上，一致推举宋庆龄主持大局。何香凝在大会开幕式的讲演中说："孙夫人为本会最适当之领袖人物……现在复兴本党的时候到了，我们要真正的三民主义，我们要实行三大政策。"

1948年1月1日，中国国民党革命委员会成立大会在香港正式举行，会议推举宋庆龄为"民革"中央名誉主席，李济深为中央主席，何香凝当选中央常务委员会委员。在讨论"民革"《成立宣言》时，何香凝力排众议坚决主张"脱离蒋介石劫持下的反动中央，集中党内忠于总理、忠于革命之同志，为实现革命的三民主义而奋斗"；会议发布行动纲领，坚持"民革"同中国共产党的合作，愿与全国各民主派、民主人士携手前进，彻底铲除革命障碍，赞成成立联合政府的主张，同意新民主主义纲领的基本原则，建设独立、民主、幸福之新中国。

"民革"的建立推进国民党爱国民主力量的联合。此后，"民革"在李济深、何香凝等领导下，以革命派的崭新面貌和战斗姿态站在人民一边，促进了国民党内部的分化瓦解，沉重地打击了蒋介石统治集团，使国民党反动派更加分崩离析，加速了其灭亡的进程。同时，也使中共领导的人民民主统一战线增加了一支劲旅，从而加强了人民革命战线的力量。

1948年2月16日，何香凝针对上海女工、学生等进行反独裁、反内战、反饥饿示威游行惨遭国民党当局镇压，造成死伤和被捕多人的惨案，联络42人联名发出《声援上海抗暴运动宣言》，使处在风雨飘摇中的蒋介石反动政权更陷入四面楚歌之中。《宣言》指出，已经走上末路的蒋介石政权，临近灭亡时就"更加明目张胆地出卖国家利益，以换取美帝国主义的贷款和军事支持……也就更加倒行逆施压迫人民，残杀人民，造成白色恐怖的局面来妄想挽救残局"，"广大人民对于这坏政府已经不再有一丝一毫的幻想了"，呼吁要加紧斗争，打倒"这腐朽万恶的统治集团"，并坚信"更壮大更坚强的人民队伍将继续勇猛前进，以达到彻底摧毁卖国独裁政府的胜利"。

此后，何香凝成为国民党内反对蒋介石反动集团的民主进步力量的旗帜，她的居所也成为"民革"聚会的地点，常常利用新年团拜、何香凝寿诞举行民主集会。比如，1948年6月初，借给何香凝做"七十大寿"之名，何香凝的女儿廖梦醒回香港联络民主进步人士。实际上，何香凝生日是6月27日，并不是6月初。这次何香凝"七十大寿"成为联络在港爱国民主人士的一次重要会议。"寿宴"三日，宾客盈门，收集到232人的签名，并于6月7日以妇女界的名义联名发表了一份《迅速召开新政治协商会议》的声明。这次"寿诞"的成果丰硕，影响深远。后来1949年何香凝到了北京，中共中央领导人又为她做了一次"七十大寿"，以表示对何香凝的尊重和感谢。周恩来、朱德、董必武、林伯渠等领导人，何香凝的好友柳亚子、彭泽民、蔡廷锴等都来贺寿，欢声笑语，非常热闹。

3

响应"五一口号" 赞同新民主主义

1948 年春，随着解放战争的节节胜利，国民党反动派陷入了全面危机，整个中国的政局已经发生根本变化。"民革"成立的同时，还有一些爱国民主人士向中共中央建议尽快成立全国政权机关。南洋华侨领袖陈嘉庚提议：解放区应急成立联合政府政权机构，以对抗国民党伪国大后的局面。民盟中央负责人沈钧儒也向中共中央提议：解放区应成立产生联合政府的筹备机构，以对国内外号召否认蒋介石伪总统。沈钧儒希望中共考虑，可否由中共通电各民主党派，建议召开人民代表会，成立联合政府，或由各民主党派向中共通电提出此项建议。

民主党派和爱国民主人士的这些意见，引起了毛泽东、周恩来等中共领导人的高度重视，认为召开新的政治协商会议，讨论建立新中国的各项事宜，不但"业已成为必要"，而且"时机亦已成熟"。1948 年 3 月 4 日，毛泽东、周恩来致电中国国民党革命委员会中央常委、组织部部长朱学范：欣悉先生到达哈尔滨，并决心与中国共产党合作，为中国人民民主革命的伟大的共同事业而奋斗，极为佩慰。我们对于先生的这一行动，以及其他真正孙中山信徒的同样的行动，表示热烈的欢迎。3 月 6 日，中共中央发表评论，表示愿意与"民盟""民革"等民主党派"携手前进"。

同年的五一劳动节前夕，国民党反动统治即将崩溃，一个独立、民主、和平、统一的新中国即将诞生。革命形势的发展，迫切需要共产党人向全国人民明确自己的政治主张、提出新中国政权蓝图。4 月 30 日中共中央书记处召开扩大会议，根据中国革命的历史进程和全国人民的愿望，实现建立新中国的光荣使命，发布了《纪念"五一"劳动节口号》。中共在这个口号中郑重宣布："今年的'五一'劳动节，是中国人民死敌蒋介石走向灭亡的日子"，"是中国人民走向全国胜利的日子"，号召"全国劳动人民团结起来，联合全国知识分子、自由资产阶级、各民主党派、社会贤达和其他爱国分子，巩固与扩大反对帝国主义、反对封建主义、反对官僚资本主义的统一战线，为着打倒蒋介石建立新中国而共同奋斗"。

"五一口号"在海内外引起了极大反响，各民主党派、无党派民主人士热烈响应，纷纷接受邀请奔赴解放区，与中国共产党共商建国大计，由此成为我国统一战线和多党合作发展史上一件具有里程碑意义的事件。何香凝和香港各民主党派、无党派的民主人士一起发表声明，响应中国共产党中央委员会召开新政协会议的号召，表示接受中国共产党的领导，坚定地走新民主主义革命的道路。后来民革中央常委会上，曾有人拿出一篇主张在国共两党之外走第三条道路的文章，征求意见。何香凝非常明确地表示：这篇文章的主旨有悖于孙中山先生的三大政策，所指的路不是革命的道路。在她的坚决抵制下这篇文章未能发表。

5 月 1 日，毛泽东还致函李济深、沈钧儒，进一步说明加强各民主党派、各人民团体的相互合作，讨论成立民主联合政府各项事宜。5 月 2 日，何香凝与李济深、沈钧儒一起，和在港的各民主党派代表、爱国民主人士欢聚一堂，对"五一口号"进行了热烈广泛的讨论，并群起响应。5 月 5 日，中国国民党革命委员会李济深、何香凝，中国民主同盟沈钧儒、章伯钧，中国民主促进会马叙伦、王绍鏊，中国致公党陈其尤，中国农工党彭泽民，中国人民救国会李章达，中国国民党民主促进会蔡廷锴，三民主义同志联合会谭平山和无党派民主人士郭沫若，联名致电毛泽东，响应中共"五一"号召，拥护召开新政协。同时向国内各报馆、各团体及全国同胞发出《响应中共"五一"号召的通电》（即"五五通电"），指出中共"五一"号召"事关国家民族前途，至为重要。全国人士自宜迅速集中意志，研讨办法，以期根绝反动，实现民主"。

8月1日，毛泽东复电何香凝等人，希望"共同研讨有关新政协的筹备事宜"，"并以卓见见示"。10月10日，何香凝发表《完成辛亥革命的任务》，非常欣慰地说："孙先生的未竟之志，辛亥革命的未成之业，很快就要由全国人民来完成了。"

4

抵达北京　参与建国

何香凝作为同盟会早期成员之一，经历了国民党一大，见证了孙中山遗嘱，是中国民主革命的元老。在几十年艰辛的革命生涯中，何香凝始终坚持信仰孙中山的新三民主义，坚守"联俄、联共、扶助农工"三大政策。解放战争时期，何香凝的思想实现了从资产阶级民主革命的三民主义到社会主义的新民主主义的飞跃，走上坚决拥护中国共产党领导的道路，投身于社会主义革命和建设大业之中。

中华人民共和国成立前夕，何香凝积极拥护中国共产党，筹划新政协会议的召开。为了动员进步人士参与新政协会议，更为了他们的安全考虑，做了很多深入细致的工作。1948年年底，李济深、冯玉祥试图利用美国国务院及驻华大使司徒雷登促蒋下台，而迟迟没有北上。何香凝就劝说李济深"还是早些走得好"，李济深听从了何香凝的劝告，不久即在中共党组织的安排下前往解放区。

1949年4月3日，何香凝当选为中华全国民主妇女联合会第一届执行委员。4月中旬，应中共中央之邀，何香凝在女儿廖梦醒的陪同下乘船抵达天津，同行的还有孙儿女们。儿子廖承志专程到天津迎接何香凝，一家人劫后团圆，两天后到达北平。在北平火车站，何香凝受到了朱德、周恩来、邓颖超等人的热烈欢迎。前来车站迎接的还有许多从黄埔军校毕业的著名将领和民主人士，以及各界代表等，车站月台上挤满了欢迎的人群。

曾经一起度过艰苦战斗生活的许多旧友又重聚一起,何香凝高兴得热泪盈眶。当晚,毛泽东在怀仁堂设宴款待何香凝。4月14日,何香凝被推选为中华全国民主妇女联合会第一届名誉主席。4月22日,何香凝发表《拥护毛泽东向全国进军的命令》,号召"我们全国人民一齐起来,帮助毛泽东这个命令的实现"。

何香凝到达北平后,积极投入到筹备新政协、缔造新中国的活动中。9月21日,中国人民政治协商会议第一届全体会议正式召开,何香凝被选为主席团成员,并代表中国国民党革命委员会向大会致词,强调各民主党派要"全心全意拥护中央人民政府"。何香凝在讲话中,既强调新民主主义理论与孙中山"革命的三民主义"的关联性,也看到了新民主主义的优越性。

女儿廖梦醒作为妇女界代表、儿子廖承志作为青年界代表也出席了新政协会议。新政协会议诞生了新中国第一届中央人民政府,何香凝被选为中央人民政府委员会委员,并与儿子廖承志一起成为政协全国委员会委员。

11月12日,中国国民党民主派代表会议在北京举行,同时举行孙中山83周年诞辰纪念活动。何香凝和李济深、谭平山、陈铭枢、蔡廷锴、蒋光鼐、张治中、邵力子、贺贵严等60余人出席会议,另有列席党员20余人。在纪念会上,何香凝作为国民党元老作报告,讲述孙中山的革命历史,指出:"孙中山先生数十年艰苦奋斗,最后的目的是求世界大同,消灭人类的被压迫。国民党民主派本着孙先生的革命意旨,在毛主席领导之下奋斗到底。"何香凝还告诫"民革"党员要继续坚持做孙中山的忠实信徒,在毛主席领导下前进,坚信:"只要我们能实现共同纲领,保持和加强我们的团结，共同向帝国主义作斗争，遵守孙中山先生的亲苏政策与毛主席建国方针，在毛主席的领导下团结奋斗，那么，我们国家的前途是无限光明的，我们人民的前途是无限幸福的。"

新政协的召开，新中国的建立，是包括何香凝一家在内的无数革命者前仆后继、苦斗不屈的辉煌成果。丈夫廖仲恺、女婿李少石先后牺牲，为之奋斗了半个世纪的目标终于实现了，何香凝百感交集、万分欣慰，内心更加坚定了坚持中国共产党领导、走社会主义道路的信心和决心。七十岁高龄的何香凝将以崭新的姿态，投入新的生活中，又走上了建设新中国的征程。

1951 年，何香凝撰写的《必须以新民主主义为我们的领导思想》发表。何香凝从理论上系统阐述了"革命的三民主义"与新民主主义的区别与优劣，以及明确应该信仰新民主主义的观点。何香凝对新民主主义思想核心的准确把握，表明了她的思想认识达到了新的高度，接受并成为了马克思主义者。此后，何香凝作为民革的中央领导人，在人民民主统一战线上，推动各民主党派和民主人士积极参加社会主义革命和社会主义建设，号召大家一起尽责尽力，为建设社会主义，为反帝反殖民地斗争和保卫世界和平贡献力量。

第七章

投身新中国建设
华侨工作奠基人

中华人民共和国成立后，已过古稀之年的何香凝依然精力充沛地为新中国建设贡献力量，先后出任中央人民政府委员，华侨事务委员会主任委员，中国美术家协会主席，中华全国妇女联合会第一至三届名誉主席，民革第一、二届中央常委、第三届中央副主席、第四届中央副主席、主席，第二、三届全国人大常委会副委员长，第二、三届全国政协副主席等多个职位，参加了第一部宪法的起草等很多实质性工作。

1949 年冬，在中央人民政府委员会第三次会议上，何香凝被任命为华侨事务委员会主任委员。在主持华侨事务委员会期间，何香凝遵照党的侨务政策，制定了一系列促进海内外大团结、旨在保护华侨合法权益的政策；运用自己和海外华侨有广泛联系的有利条件，从各方面教育华侨热爱祖国，鼓励华侨回国投资，大力鼓励归侨、侨眷参加农副业生产，促进祖国经济的发展；对被迫害归国的难侨，认真做好安置工作。何香凝的努力，调动了侨胞和港澳同胞支援祖国建设的热情，赢得侨胞的爱戴，被誉为"华侨慈母"。

1953 年 1 月，何香凝被中央人民政府委员会推选为宪法起草委员会委员，参加制定新中国的第一部宪法。1954 年 12 月和 1960 年 4 月，何香凝连续当选为第二、三届全国政协副主席。1959 年 4 月和 1965 年 1 月，何香凝又连续当选为第二、三届全国人大常委会副委员长。作为我国德高望重的领导人之一，何香凝参加国家领导工作期间进行了大量的国务活动。她不顾年迈，经常到各地视察，接触和了解群众，为国家政策法令的制定提供依据。她还经常与国外的朋友和外国政府首脑交往，为中国社会主义建设事业争取了一大批朋友。

1953 年 4 月和 1957 年 9 月，何香凝先后被中华全国民主妇女联合会推选为名誉主席。作为革命年代中国妇女运动的领袖，何香凝仍然十分关心新中国的妇女工作，并为此倾注了大量心血，受到全国妇女的敬重。

1956年3月和1958年12月，何香凝连续被选为中国国民党革命委员会第三、四届中央委员会副主席，并在1960年9月的"民革"中央四届二中全会（扩大）上，当选为民革中央主席，直到1972年去世。何香凝用自己半个多世纪的丰富经历向"民革"党员说明只有社会主义能够救中国的真理，要求"民革"党员继承和发扬孙中山不断进步的精神，接受共产党的领导。并以自己的实际行动，为"民革"党员树立了一个坚持中国共产党领导，与中国共产党"肝胆相照、荣辱与共"的典范。

何香凝十分关心祖国的统一大业，认为民革应当用好与台湾国民党的历史联系，帮助共产党多做一些工作，努力实现祖国的和平统一。何香凝时时思念台湾的朋友，除不断咏诗作画，以寄托对在台湾的友朋故人的思念外，还经常利用纪念孙中山诞辰、祭辰和纪念辛亥革命的时机，通过撰写文章、发表谈话、广播演说等多种形式，寄语台湾的故旧老友和国民党当局，为祖国的统一贡献力量；呼吁台湾当局和国民党的军政人员站到爱国主义的旗帜下，爱国不分先后，"爱国人人是一家"。

1972年9月1日，何香凝在北京病逝，终年94岁。9月5日，何香凝追悼会在人民大会堂隆重举行。周恩来、朱德、宋庆龄等党和国家领导人及首都各界代表500多人出席。天安门广场、新华门、外交部等处，都下半旗志哀。根据何香凝生前与丈夫廖仲恺"生则同衾，死则同穴"的遗愿，追悼大会结束后，灵柩由专车运往南京与廖仲恺合茔。

1
开启侨务 建设祖国

1949 年冬，在中央人民政府委员会第三次会议上，何香凝被任命为华侨事务委员会主任委员。此后十年，何香凝将主要精力放在了侨务工作上，协助党和国家制定侨务工作方针，保护华侨的正当权利和利益，做好为华侨服务的重任。

在海外各地华侨中，何香凝有很高的声望。只要提起廖夫人，老一辈的华侨都表示出高度的崇敬，都会滔滔不绝地数说当年他们是怎样接受何先生等老革命家的教导、做过一些"为国效劳"的事情。面对海外华侨的信任和期望，何香凝对华侨事务倾尽心力，为新中国侨务方针的制定以及一系列条令和政策的出台呕心沥血，作出了巨大的贡献。

何香凝致力于把国内的爱国民主统一战线发展到海外华侨中，注意动员海外华侨、国内的侨眷积极投身社会主义革命和社会主义建设事业。新中国刚成立，华侨工作可谓千头万绪，工作基础又很薄弱。一方面，适逢冷战时期，世界格局处于转型之中，各地局势动荡不安，1300 多万名华侨在海外的生活环境非常复杂，面临着各种情况，面对着不同的问题；另一方面，许多国家特别是东南亚华侨集中的国家，不断出现"排华"浪潮，海外华侨面临的政治、经济形势日益严峻，很多华侨问题逐步发展为严重的政治问题。

作为新中国主管华侨事务的官员，何香凝始终心系华侨的安危冷暖。

针对华侨的各种问题，何香凝秉持"全心全意为侨胞服务"的方针，带领广大侨务工作者探索破解侨务工作难题的办法。在侨务政策上，根据宪法精神，在党中央、国务院的领导下，制定了"一视同仁，不得歧视；根据特点，适当照顾"的侨眷、归侨政策，归侨、侨眷的种种问题基本上得到妥善解决，赢得了广大归侨、侨眷的拥护和欢迎。她参与并主持制定了一系列维护华侨正当权益，保护归侨侨眷合法权利的侨务工作方针，如《土地改革中对华侨土地财产的处理办法》《关于贯彻保护侨汇政策的命令》等，把"保护国外华侨的正当权益"作为华侨事务委员会的中心任务，积极领导侨委为"协助和领导华侨进行互助互济，兴办文教福利事业，增进华侨间的友爱团结，发扬爱国精神，同时为增进华侨同侨居国人民的友好关系而努力"。

在侨务工作上，何香凝对于华侨碰到的困难，都认真谋划，予以解决。1950年9月，东南亚的英国殖民当局封闭华侨报纸，引起华侨的强烈抗议。何香凝立即通过各种渠道向华侨传递祖国的支持，让孤身海外的华侨感受到新中国已经成为他们的强大后盾，党和人民无时无刻不在关怀着华夏同胞，并向英国政府提出强烈抗议，指出英国殖民地当局对待华侨的一切罪行，中国人民都是不能容忍的，英国政府都应该负全部责任，要求英国殖民当局立刻停止迫害华侨的种种行为，并控诉种种罪行。中华人民共和国成立初期，对于东南亚等地被迫回国的侨胞，何香凝在党中央的支持下，协调广东、福建等进行了妥善的安置，还指导和组织他们接受社会主义的教育与改造，并根据他们不同的情况，予以可能和必须的照顾。在何香凝的细致安排下，陆续归来的华侨迅速参加生产，恢复了正常的生活，华侨们各得其所，感受到新中国的温暖。后来随着归侨的增多，1952

年，经何香凝提议，国家拨出巨款在粤、滇、闽等省创办了一批华侨农场，安置归侨、侨眷参加农、林、副业劳动生产，解决了华侨的实际困难，为华侨的安身立命创造条件。何香凝还注意根据华侨及其国内眷属的实际情况，考虑给予一定的照顾。根据侨眷、归侨的具体情况和专长，安排他们参加力所能及的劳动；对侨眷供应生活消费品的要求，尽力予以满足。此外，何香凝还鼓舞不同政治思想、宗教信仰的各种阶层、职业的侨胞团结起来，形成一个宽广而坚强的华侨爱国力量。这些措施既有利于侨胞更好地融入祖国大家庭，又能照顾到他们的实际状况和特殊情况。支持各地组织侨界参加农业、工商业生产，鼓励侨资回国投入国家建设，引导侨资投资工农业、交通、旅游及其他各种经济建设事业，指明华侨参与祖国经济建设的路径，并且强调这是既有利于华侨资本增值，也有利于祖国建设的"双赢"策略。

同时，何香凝还关心华侨子弟教育，在北京、广州、福建等地创建了多所华侨补习学校，制订专门有针对性的教育计划培养华侨子弟，立足于把华侨子弟培养成社会主义事业的建设者和接班人。之后，在何香凝的积极协调下，在泉州创办华侨大学，儿子廖承志担任华侨大学的第一任校长。此后，廖承志又继续母亲的未竟工作，1978年暨南大学在广州复办，他又担任第一任董事会董事长。何香凝母子二人都为华侨学校的发展、侨胞子弟的教育尽心尽力，既解决华侨的后顾之忧，又有利于发挥他们在新中国与侨居国之间进行经济、文化交流的桥梁作用。何香凝特别关注华侨学校的教育质量，曾语重心长地指出："侨胞把子弟托给我们，我们一定要把他们培养好，这才对得起侨胞。万万不要误人子弟！"①归国华侨学生先后从高等学校毕业，参加了祖国社会主义建设事业。

为了进一步做好服务和联络华侨的工作，1956 年何香凝呈请中央批准，成立了以爱国华侨陈嘉庚为主任委员的"中华全国归国华侨联会"，作为归侨、侨属的人民团体。1956 年 6 月，中央人民政府华侨事务委员会第四次（扩大）会议作出成立中华全国归国华侨联合会筹委会的决定。

何香凝等人积极工作，多方联络，经过近 3 个月的紧张筹备，10 月 5 日上午 9 时，中华全国归国华侨联合会成立大会在北京中南海怀仁堂隆重召开。来自 26 个国家和地区的归侨、侨眷代表 356 人出席了大会，其中除了各地侨联会的负责人，还有先进工作者、文教工作者、科学家和工商界人士；800 多名华侨和港澳同胞列席了大会。大会选举产生了由 131 人组成的全国侨联第一届委员会和由 43 名常委组成的常委会，陈嘉庚当选为全国侨联主席。时任华侨事务委员会主任的何香凝在大会致词中表示，中华全国归国华侨联合会在陈嘉庚先生的领导下，"必定能够更广泛地团结和教育归侨、侨眷，并联系广大的国外侨胞。对祖国的社会主义建设和社会主义改造事业，充分发挥积极的作用；同时，对和平解放台湾事业，也一定能作出贡献"。

何香凝还通过各种讲话、文章等方式，号召海外侨胞发展革命爱国传统，团结起来当好中国人民与世界各地人民友好桥梁和使者，并为保卫世界和平作出贡献。据不完全统计，何香凝利用国庆节、元旦、春节等喜庆节日向海外华侨发出的广播词、献词，以及在各种会议上发表有关谈话、

---

① 洪丝丝：《华侨慈祥的贴心人——回忆何香凝老人在侨务战线上》，载《回忆与怀念——纪念革命老人何香凝逝世十周年》，北京出版社 1982 年版，第 161 页。

演讲，以及亲致侨胞、侨属的函电等共 40 篇次。何香凝向华侨热情地介绍中国的进步和成就，积极鼓励、动员华侨和归侨侨眷以各种形式参与祖国的社会主义建设，引导侨资向有利于国计民生的经营方向发展。同时，还利用海外侨胞祖国与侨居国的友好关系，宣传我国的和平外交政策，通过民间文化合作与经济合作，促进新中国外交工作。

在何香凝的付出和努力下，新中国的侨务工作从无到有，发展壮大，侨务工作发挥了积极作用，加深了海外侨胞对新中国的了解和热爱，促进了海外侨胞的团结，为扩大爱国统一战线以及为新中国营造有利的国际环境发挥了独特作用。同时何香凝也得到了广大华侨、归侨、侨眷的拥护，成为了华侨公认的"代言人""华侨慈祥的贴心人""华侨慈母"。

1959 年，何香凝因年事已高卸任国务院侨委主任职务，中央决定由何香凝的儿子廖承志继任她的职务，此前廖承志一直担任侨委副主任委员，协助她做华侨工作。1983 年廖承志逝世后，中央又决定任命廖承志的长子廖晖为国务院侨办第一副主任、主任。1997 年香港回归后，廖晖转任国务院港澳事务办公室主任，2010 年 10 月因年龄原因卸任。至此，廖家祖孙三代为新中国的华侨、港澳事务服务了 61 年，传为佳话。

2
关爱妇女 保护儿童

　　何香凝和宋庆龄是革命道路上的亲密战友，都是中国最早的妇女运动领袖，一直从事妇女解放运动，做了大量妇女工作。早在大革命时期，何香凝与宋庆龄就在妇女儿童工作中做了很多有益的探索和尝试，只是限于当时复杂的局势难以全面开展。中华人民共和国成立后，中国的妇女儿童事业迎来了春天，她们继续关心妇女儿童事业，做了很多具有开创性的重要工作。1953 年在全国民主妇女联合会第二届执委会首次会议上，何香凝和宋庆龄一起被推选为名誉主席。同时何香凝的女儿廖梦醒也在全国妇联工作，继续着宋庆龄、何香凝的得力助手的角色，一起推动妇女工作的发展。

　　何香凝从 20 世纪 20 年代领导妇女运动开始，就把关注妇女和儿童的问题放在一起考虑，做了大量的工作，比如建"贫民生产医院"保障母亲和新生儿的安全与健康、开展省港罢工女工的工作、建立"罢工工友子女补习班"等。中华人民共和国成立后，何香凝除继续关注妇女自身的解放、进步、平等、发展外，也常常关心儿童养育和教育问题。何香凝号召全社会、全世界"为了健康的第二代"，反对战争，保障母亲与儿童的安全，号召妇女们"让我们用女性、母性的全副尊严站立起来"，对美帝国主义的战争阴谋"提出严重控诉"！并提出在今后的妇运工作中，要开办妇女救伤救急讲习所，以掌握儿童意外伤害的救护措施。

1949 年 12 月 11 日，亚洲妇女代表会议正式召开，何香凝作为大会主席团成员出席了亚洲妇女代表会议。何香凝在周恩来总理设宴欢迎参会的亚洲各国妇女代表时，作了演说，庆祝中国妇女在中国人民革命的胜利中得到了解放，也感谢亚洲各国妇女的团结奋斗，并以母性反对战争的角度，强调亚洲妇女们要为保卫世界和平这个中心任务而团结起来，继续与帝国主义作斗争。

1953 年，何香凝在祝贺中国第二次全国妇女代表大会的贺信中，鼓励新中国妇女不断努力，并要求妇女们要正确理解妇女的自由与平等权利，自觉地实现在劳动与责任基础上的真正平等；动员广大妇女参与劳动、生产、学习，保育后代，发挥妇女的潜力，为国家建设作贡献。

1955 年，何香凝向妇女们提出要做好两件事，首先以"慈悲为怀"的母亲，反对战争，使孩子们免除战争灾害、过和平幸福的美好生活；其次应该掌握医学常识，尽力保护年幼无知的儿童的日常安全，免受疫病灾害。何香凝还呼吁中国妇女为争取世界和平、保卫儿童幸福和美好的未来而奋斗。同年纪念六一国际儿童节时，何香凝发表了《保卫儿童幸福，保卫世界和平》一文，指出了保卫世界和平和保卫儿童幸福的关系，介绍了新中国的儿童受到的各方面的关怀，反对帝国主义对中国的包围和封锁，支持殖民主义国家争取民族解放和保护妇女儿童权益的斗争。

1958 年 6 月 14 日，上海各界 1000 多人举行盛大集会，隆重庆祝中国福利会成立 20 周年。宋庆龄发表《永远和党在一起》的讲话，认为"当初成立并为之奋斗的目的：建立一个自由、独立、由人民治理的国家的理想，已经实现了"，强调"我们的成就应该直接归功于中国共产党和毛泽东主席的领导""中国福利会从创立那天起，就和中国共产党站在一起，将来也是这样"。宋庆龄在讲话中特别提出感谢远道而来参加庆典的何香凝。何香凝为庆祝活动专门创作的国画，与周恩来、邓颖超、柯庆施等领导人送来的花篮一起，摆在会场的显要位置。会议前一天，宋庆龄举行便宴，招待参加纪念活动的领导和各界人士，何香凝与儿子廖承志、以全国人民代表大会代表身份出席的女儿廖梦醒，一起出席了招待会，度过了愉快的时光。1963 年中国福利会成立 25 周年的酒会，何香凝与儿子廖承志、女儿廖梦醒再次出席庆祝活动，大家齐聚在宋庆龄的寓所里，举杯庆祝新中国妇女儿童事业的巨大成就。

3

挂念故友 心系统一

1956 年 3 月和 1958 年 12 月，何香凝连续被选为民革第三、四届中央委员会副主席，并在 1960 年 9 月的民革中央四届二中全会（扩大）上，当选为民革中央主席。作为民革中央的主席、国民党元老，何香凝一直关心着两岸的统一，尽管年事已高，依然不遗余力地为祖国的统一做了不少工作。特别是何香凝晚年看到国家建设蒸蒸日上，自己四世同堂，儿孙绕膝，生活欢乐幸福，更加惦念海峡对岸的故友旧人，时时以两岸和平统一为念。

早在 1955 年 4 月，周恩来在印度尼西亚万隆亚非会议上，向全世界指明中国人民愿意在可能的条件下争取用和平的方式解放台湾。此后不久，中共领导人又提出了国共实行第三次合作，和平解决台湾、实现祖国统一的主张。何香凝衷心拥护这一政策方针，希望早日以和平方式最终解决台湾的问题。1958 年 10 月，毛泽东起草了以国防部长彭德怀名义发表的《告台湾同胞书》中，再次提出同台湾当局"举行和谈，实行和平解决"的建议后，何香凝更加苦口婆心、循循善诱地劝告台湾当局，共同促进祖国和平统一的实现。

何香凝深深地怀念着台湾的八百万同胞，尤其是过去认识的老朋友，热切寄望他们"都应该记得孙总理的遗嘱"，"能够重新振作起来，使台湾复归祖国的怀抱，为使中国全部领土完完全全统一起来而作一致的努力"。

她严正指出"天下为公，惟有德者居之"，"家天下"的时代永远不会有了，"作为一名国民党员，应该是热烈的爱国者，一己的利益可以牺牲，而国家民族的利益决不能丝毫受损，不然就将成为中华民族的罪人"，希望大家"应该正视世界潮流所趋，不要置国家民族之利益于不顾。而应该平心静气地，胸怀豁达地，无私心、无成见地考虑中华民族的命运与国家的前途"。

何香凝呼吁爱国不分先后，实现祖国统一人人有责，并说："祖国人民早已再三表示，任何人只要现在能够爱国，愿意和祖国人民一道反对美国侵略、为祖国的统一而努力，都可以受到不咎既往的宽大待遇。在和平解放台湾斗争中有贡献的，还要按立功大小给予奖励。我们希望在台湾和在国外各地的国民党军政人员，权衡轻重、善为抉择，早日站到祖国人民的队伍中来，为实现和平解放台湾献出力量。"

何香凝还反复地正告台湾当局，应该继承和发扬孙中山威武不屈的爱国反帝精神，一切从民族的大义出发，"摆脱美帝国主义，重新回到祖国的怀抱"，才是"唯一出路"，并殷切期望他们尽早醒悟，实现国共第三次合作和祖国统一。何香凝语重心长地指出："我们都是中国人，和为贵。人孰无过，过而改之，可以重新团结。自孙中山先生和廖仲恺逝世以后，两党两经分离、两经合作，又转眼三十多年。为今之计，化敌为友，言归于好，为子孙万代幸福着想，重新合作，此其时矣！祖国正在进行伟大的社会主义建设事业，和谈的大门正向你们大开。"劝说他们在此重大问题上要"当机立断"，"不可为仇者快，为亲者痛"。

何香凝坚决反对分裂祖国的活动，认为"两个中国""一中一台"等行为都是不允许的。何香凝坚定地指出："解放我国领土台湾、完成祖国统一大业，是我国六亿人民不可动摇的意志。"并果断明确地说："热爱和平的中国人民，愿在可能的条件下，用和平方式解放台湾，但任何'两个中国'的想法和做法，都是中国人民所坚决反对的。"她坦诚地劝告："我对你们说的每一句话，都是肺腑之言。我和你们曾经有过悠久的历史友谊，并一道分担过患难，我现在不惜苦口婆心，再三致意。"并大声疾呼："归来吧！在和平解放台湾事业中立功吧，这是摆在你们面前的光明大道。"

1958 年，困居台湾的何香凝的旧友于右任，偶得 30 年前由自己题词的《岁寒三友图》中堂一幅。该图是由何香凝描古梅，经亨颐画稚松，陈树人绘翠竹，于右任在图的上方作诗题款合作而成。当时八十高龄的于右任历经沧桑，重睹此图，不胜慨叹。在欣赏之余，发现诗的最后一句中漏写"时"字。因而赋诗：

> 三十余年补一字，完成题画岁寒诗。
>
> 于今回念寒之友，泉下经陈知不知？
>
> 破碎河山容再造，凋零师友记同游。
>
> 中山陵树年年老，扫墓于郎已白头。

该诗情深意切，流露出于右任面对不能回归祖国、不能与故乡亲人团聚的相思之情，盛传海内外。《人民日报》1958 年 11 月转载刊登。何香凝看到台湾旧友的诗，回忆当年往事，提笔写下《遥念台湾》三首：

> 青山能助亦能界，二十余年忆此诗。
>
> 岁寒松柏河山柱，零落台湾知未知？
>
> 锦绣河山无限好，碧云寺畔乐同游。

驱除美寇同仇忾，何事哀伤叹白头？

遥望台湾感慨忧，追怀往事念同游。

数十年来如一日，国运繁荣渡白头。

诗中字里行间表达了何香凝对在台湾旧友的思念和对祖国统一的强烈愿望，同时也抒发了殷切期望他们认清前途，促进祖国早日统一，以便回到祖国共度幸福晚年的衷情。何香凝的这首诗作成为海峡两岸诗坛交流中的一段佳话。此后于右任于1964年在台湾去世，其生前欲回大陆的愿望最终无法实现，留下遗嘱将自己遗骨葬于玉峰山巅，以遥望祖国。

1965年9月，何香凝在寓所会见了从海外归来的原国民党政府代总统李宗仁和他的夫人郭德洁，对他们的归来表示热烈欢迎。同年11月，何香凝在纪念孙中山诞辰九十九周年之际，著文号召台湾国民党军政人员学习李宗仁的榜样。何香凝说："台湾一定要解放。我相信每一位爱国的中国人，都不会甘愿受美帝的欺凌侵略，他们一定要起来反抗的。最近李宗仁先生毅然离美回国和我们共同合作……我们热烈欢迎。我还希望远处海外或台湾的国民党军政人员都会作出明智的抉择。"

新中国成立至何香凝辞世前的二十年间，她时刻心系海峡两岸，渴望着祖国的和平统一大业能够早日实现。何香凝相信中国的统一是不可抗拒的历史潮流，在海峡两岸人民的共同努力下，一定会成为现实。何香凝追求和平统一的主张和爱国主义精神，对于今天一切有志于实现祖国富强、完成祖国统一的海内外同胞，特别是对台湾的国民党来说，仍然有着宝贵的借鉴和教育作用。

4

革命一生 归伴仲恺

1968 年 6 月，何香凝欢愉地度过了九十大寿。之后，她感到身体与精力大不如前。1970 年 4 月，何香凝不慎跌倒，又得了肺炎，进入医院治疗。经宋庆龄和周恩来等深切关怀及医院尽力抢救后转危为安。

1972 年年初，何香凝因肺炎再度入院，病情危重，亲属都回到北京陪护。9 月 1 日凌晨 3 时，何香凝在北京医院与世长辞，终年 94 岁。

一直关注着何香凝病情的宋庆龄，从电话中听到她逝世的消息后，连夜赶到北京医院，第一个向何香凝遗体告别，对并肩战斗了半个多世纪的挚友的去世表示沉痛哀悼，并慰问家属。

9 月 3 日，何香凝的遗体入殓，灵柩停在中山公园中山堂。

9 月 5 日下午，在人民大会堂举行了隆重的追悼大会，陈云、叶剑英、郭沫若、邓颖超等党和国家领导人及各界代表 500 多人出席了追悼会。中共中央及毛泽东、周恩来、朱德、宋庆龄等党和国家领导人送了花圈，天安门广场、新华门、外交部等处降半旗志哀。追悼会由全国人大常务委员会委员长朱德主持，国家副主席宋庆龄致悼词。悼词中追忆了何香凝坎坷、非凡的一生经历，赞扬"何香凝女士是孙中山先生的革命战友，是廖仲恺先生的革命伴侣，是国民党革命派的杰出代表。她热爱祖国，热爱社会主义制度，热爱中国共产党"，"她关心国家大事，一贯以保卫社会主义祖国领土完整和解放台湾而努力奋斗"，她的一生"是革命的一生，战斗的一生"！

依照何香凝生前提出与丈夫廖仲恺"生则同衾，死则同穴"的夙愿，何香凝的灵柩由邓颖超、刘友法、谢扶民、李金德、刘斐、朱蕴山、陈此生、甘祠森及家属廖承志、廖梦醒、经普椿、李湄、廖晖等人护送，乘火车专列于 9 月 6 日抵达南京。当日下午，在南京廖仲恺墓地，举行了庄严肃穆的合葬仪式。

为了纪念何香凝和廖仲恺这两位伟大的爱国者、杰出的民主革命家、国民党左派的领袖和中国共产党的挚友，表彰这一对时时以国家和人民利益为重的革命伴侣的丰功伟绩，1982 年中共中央决定建立廖仲恺何香凝纪念馆，以寄哀思。纪念馆址设在广州市河南纺织路东沙街 24 号的一幢二层楼房里。楼房四周绿树婆娑，花团锦簇，景色宜人。馆内陈列有廖仲恺、何香凝夫妇的历史照片、文物、资料和诗画等 600 多件，详细生动地介绍他们夫妇一生光辉的战斗历程，表现了崇高思想和优秀品质，以及对中国革命和建设的杰出贡献。

何香凝虽是生长在一个"资产家、地产家"的家庭，嫁了一个"官僚、买办阶级"的家庭，却超脱了阶级的利益，立志为广大人民谋求幸福。何香凝的一生经历了清末、中华民国、中华人民共和国三个历史时期，革命之路跨越了旧民主主义革命、新民主主义革命和社会主义革命。在何香凝一生为之奋斗的革命事业中，经历了无数的风风雨雨、崎岖坎坷，但她始终站在革命和进步力量的一边，始终坚持孙中山倡导的革命精神，坚定不移地拥护中国共产党的领导，为社会主义事业贡献了全部力量。正如何香凝所作的一首题画诗《石·牡丹》所言："皎洁无尘石作家，枝清叶净弃繁华。前生错种朱门下，却被人称富贵花。"

　　何香凝具有 20 世纪初中国先进知识分子普遍具有的强烈的民族主义、爱国主义思想，她的思想的最初出发点与最终归宿点，都在于为中华民族复兴，实现民族独立、人民解放、国家富强而奋斗，因而使她的思想保持着与时俱进的特征。何香凝与丈夫廖仲恺携手从追随民主革命先驱孙中山、投身于推翻清王朝的革命事业起，便义无反顾，一直通过各种方式为革命理想的实现而努力奋斗。最后何香凝走上拥护中国共产党领导、走社会主义道路的新征程。邓颖超说过：何香凝——一个闪耀着爱国与革命的光辉名字，每提到她、想到她，就引起我深切的缅怀和崇高的敬意。她的名字和她的一生，就同从旧民主革命到新民主主义革命，以及社会主义革命和社会主义建设的历程，紧密联系在一起。她是孙中山先生 1905 年组织同盟会的第一批成员，她和她的丈夫、中国革命的伟大献身者廖仲恺先生，从结为亲密的伴侣就开始了革命战友共同奋斗的生涯。她出身富有的家庭，但是她慷慨地为革命献出一切，包括陪嫁的全部私蓄。她的一生，如同中国革命的进程一样遭受了无数挫折，但她不畏艰险，不计个人得失。为了挽救中国，为了推进革命，勇敢地战斗了半个世纪。

　　何香凝用自己拥护共产党的模范言行，同各民主党派和各界爱国人士一起，紧密团结在中共中央的周围，共同为祖国的社会主义事业尽心尽力地服务，她的精神、思想、品德将永远留在人民的记忆里，永远留驻在中国的大地上。

第八章

何香凝的绘画
艺术

　　何香凝才华横溢，是中国现代享有盛誉的女画家。何香凝受孙中山的嘱托，以画笔为武器，用美术为革命服务。在日本东京本乡私立女子美术学校学习期间，她曾跟日本帝国画师田中赖章学习山水、动物画，故早期作品有日本画风格，常以雄狮猛虎表现中华民族的觉醒。后和丈夫廖仲恺一起随同孙中山从事革命活动，应革命需要绘制和刺绣军旗、符号、告示和军用票图案等。辛亥革命后在广州受岭南画派影响，开始作水墨山水画，常画寒冬不谢的梅菊和百岁长青的松。

　　九一八和一·二八事变以后何香凝立即回国，积极投身抗日救亡运动，与柳亚子、经颐渊、陈树人等组成"寒之友社"，举办画作义卖展览，募集款项慰问前线抗日将士。1938年以后，何香凝迁居香港，这时期所作多为松、梅、菊，偶作山水，大都赠送或出售给华侨，用以向海外华侨宣传抗战，并为八路军、新四军募捐筹款。香港沦陷后何香凝寄居桂林，曾以卖画为生。后重回香港。1960年，何香凝被推选担任中国美术家协会主席，直至逝世前两年还以92岁高龄坚持画画。

1

兼容中西

何香凝的绘画源于孙中山的建议。当时为了服务于武装起义设计旗帜、标语等革命需要，孙中山先生建议何香凝改习绘画，画笔由此成了何香凝一生革命的武器。1908—1911 年，何香凝入东京本乡私立女子美术学校（现女子美术大学）日本画撰科高等科学习。学习期间，何香凝除了在学校向端管紫川先生学习山水、花卉外，还每周两次继续跟随帝国画师田中赖章学习。何香凝勤奋好学，绘画所必修的基础课，成绩均在 85 分以上。何香凝留学日本时正处于新日本画运动后期，东京"朦胧派"和"京都派"作品较为流行。东京"朦胧派"更多地汲取了西方绘画的因素，放弃了日本画的线条，用色彩的"面"取代传统的"线"，由于多使用不透明的日本颜料和墨几层涂刷，画面色调微暗，故称为"朦胧体"。"京都派"则立足传统，以京都圆山四条派为基础，兼用日本古典手法，融入西方的光、空气的表现手法，达到精妙雅洁的艺术境界。何香凝接受到了日本画坛中西融合的技法与观念，在她早期的绘画作品当中，可以明显看出日本画痕迹的影响。

何香凝早期作品与时代风云互为映照。她早期作品以动物画为主，多以猛虎雄狮为主题题材。20 世纪初，西方经常把中国比作"睡狮"，何香凝便刻意描绘"雄"和"猛"气势的狮子，体现出威武雄强的气势和鲜明特点，来象征中华民族的觉醒，寄寓着醒狮昂首、振兴中华的心愿。何香凝运用东方绘画传统笔墨参以西洋画的明暗和透视，所绘雄壮威武的狮、虎，造型准确，生气勃勃，寓意深刻。1910 年的《虎》是何香凝现存最早的作品。这是她送给革命先驱黄兴的画作。老虎置身于杂乱的草丛中，呈现匍匐姿态，蓄势待发，虎尾甩出草丛，威猛之势逼出画外。1913 年的《狮》，何香凝的丈夫廖仲恺生前十分喜爱，对此画非常欣赏和称赞，廖仲恺遇难后，何香凝对此画珍若拱璧，作为情爱的贵重纪念物。可惜这幅画后来在战乱中散失，已无从找寻了。

20 年代回国后，何香凝与于右任、经亨颐、张大千、黄宾虹、高剑父、陈公博等名流切磋绘画技巧，其画风颇受岭南画派影响，蕴含深厚的传统素养，格调高雅，又善于吸收西方绘画技法，注重写生，给人耳目一新的感觉，深受社会大众的喜爱，所展所作之画往往销售一空。

在欧洲期间，何香凝虽然生活俭朴，仍专门辟出一间房间用于作画。在巴黎期间，何香凝前往参观了埃菲尔铁塔、卢浮宫、拿破仑纪念馆以及卢梭、雨果、罗兰夫人墓地等历史名胜古迹，还前往巴黎歌剧院欣赏古典歌剧。对西方经典文化的巡礼，大大丰富了何香凝的艺术体验。何香凝也喜欢大自然，尤其喜欢游湖，常在同伴的陪伴下到巴黎郊区的森林中去漫游。每次野游归来，就展纸挥毫。这一时期，何香凝有很多山水作品，多数取材于对当地景物的描写，画作的表现手法也趋向于自然写实，使作品看起来有一种新颖之感。但何香凝依旧保持了中国画托物言志的理念，时时展现出理想与现实的巨大落差和内心的苦闷。何香凝旅欧期间的作品，数量多且质量高，形成了她 20 世纪二三十年代创作上的一个小高峰，也成就了她融合了中西绘画的艺术风格。

随着越来越多地参与民主革命运动，何香凝转而偏爱梅、松、菊、竹等植物，专画傲雪经霜、冷而弥坚的梅、松、菊，梅枝挺拔如铁笔，寓意自己的志节情操，是她革命坚定意志的真实写照。何香凝的丈夫廖仲恺去世后，她的画风趋于冷峻，雄狮、猛虎的意象变得罕见，取而代之的是梅花和松柏。何香凝画的梅花笔画老练、坚决果断，犹如铁笔一般，而枝干反复皴擦，以突出厚重感和苍劲感，使老枝和新枝之间形成强烈的对比，显示出勃勃生机。何香凝以梅花的耐寒，凌霜雪而盛开的气势，弘扬国人不屈不挠的精神品格与坚贞不屈的崇高气节。

抗日战争时期，面对国破家亡的严峻形势、国仇家恨的纠缠，何香凝的画风转为冷峻，希望祖国像这些耐寒植物一样能抗风雪斗严寒，度过严冬、迎来春天，没有女性画家追求的柔美秀逸的风格。

2
何画柳题

何香凝早期追随孙中山，与同盟会会员柳亚子、经亨颐、陈树人等，在艺术上也志同道合，经常合作创作。在书画上何香凝与柳亚子的交往最为密切。柳亚子是民主革命者，20 岁时加入同盟会。何香凝大量的山水、花卉作品，多请柳亚子在画作上赋诗并题。从 1928—1950 年的 20 余年间，"何画柳题"几乎成为一种较为固定的合作模式。

1928 年年底，何香凝因反对国民党反共发表公开声明辞去国民党内的一切职务。在经亨颐的邀请下，何香凝和柳亚子、黄宾虹、于右任等人组成"寒之友社"。"寒之友社"的这几位国民元老不满蒋介石背叛孙中山的三大政策，借诗酒书画以排遣心中郁结。期间，何香凝就与陈树人、经亨颐合作了《松竹梅图》，于右任题字，画中陈树人的松、何香凝的梅、经亨颐的竹、于右任的诗与书，堪称合璧。这段诗画结社，还促成了廖、经两家儿女姻缘，何香凝的儿子廖承志与经亨颐的幼女经普椿在这段时间相识，1938 年结为连理。

何香凝在法期间，创作了一副具有代表性的花鸟画《松·菊》六条屏。该作品尺幅巨大，横 173 厘米，纵 273 厘米，由六张条幅绘成后组合而成。画面集松、菊、小鸟、丛花等不同品类于一体，构图巧妙，搭配得宜。松是"岁寒三友"之一，象征常青不凋、气节高迈。松树下方，是一组丛生的菊花和无名花草。菊是四君子之一，象征高风亮节、清新高雅。

画面上方绘有两只小鸟，振翅于高松之间，为画面增添了许多生机。何香凝在巴黎画好《松·菊》后，即驰笺敦请柳亚子作诗。柳亚子仿杜陵《赠曹将军丹青行》作《后丹青行》。《后丹青行》诗体章法巧妙，结构迂回，感情沉郁，令人荡气回肠，抒发了柳亚子忧国忧民、以天下为己任的革命胸襟。此诗洋洋洒洒三百余言，是历来柳亚子题何香凝画诗文最长者。何香凝携画归国之后，柳亚子将拟好的《后丹青行》题于《松·菊》之右上方，诗画得以合璧。何香凝对《松·菊》六条屏视若珍宝，数十年留在身边且保存完好。

1931 年，九一八事变后，何香凝义愤填膺，赶回上海，并组织社会活动支援抗战。1934 年何香凝与另一位同盟会早期会员、著名实业家王一亭合作绘制山水画《为谁来补破河山》，柳亚子曾题诗云："为谁来补破河山，腕底烟云未等闲。收拾雄心归淡泊，时时曳杖款荆关"，以表达何香凝和自己与南京国民政府决绝的决心。数日后，时任中央监察院院长的于右任来到上海，他在此画上题："能为青山助，不是界青山。出山有何意，声流大地间。"后来，何香凝的儿子廖承志在其回忆文中指出，这是于右任劝母亲何香凝"出山"的一首诗。

3
香凝如故

何香凝艺术之路缘于革命，她的画笔成为革命斗争的有力武器，用画笔表达对革命事业的忠诚和对敌人的无情鞭挞。

何香凝的丈夫廖仲恺去世后，何香凝作画的热情消减了很多，在题材和画风上也趋于冷峻，梅花成了她自喻和寓他的最佳选择。何香凝用冷峻而坚毅的作品表现坚强的性格和对斗争的颇多感受，被外界称为"何氏梅"。她往往用硬毫秃笔描绘老干的虬屈，老干上疤结很多，枝杈坚韧少转折，并在主干上画出两笔新枝，直冲向上，旁无枝蔓。"何氏梅"是"斗梅"，具有神武的姿态，显得顶天立地、势不可挡，表现了何香凝的心境，也符合表现中华民族雄伟气魄的需要。何香凝的儿子廖承志曾说母亲的"梅枝，犹如铁笔一般，反映着她一生的硬朗，对友爱而对敌恨的性格"。

1931 年九一八事变后，何香凝从巴黎回到上海。她邀请全国著名书法家、画家捐赠作品，连同自己的书画，举办了"救济国难书画展览会"，为慰劳抗日将士筹集经费。此外，何香凝也和史良等人发起组织"上海战时壁报工作服务团"。

1932 年 1 月 28 日淞沪抗战爆发，何香凝为解决经费困难，救济难民，倡议上海各画家合力举办"义卖画展"。上海各大文具店捐出大量宣纸、笔墨、颜料，裱画店送来成捆的画轴，何香凝多次应邀命笔，现场参加合绘的画作多幅，她或"补松"，或"补梅"，或"补竹"，或"补菊"，或"补石"……其中《梅松菊图》由张光（红薇居士）"写天竹"，何香凝"补梅"，马公愚"写古币"，方介堪"写古器"，其他人或"补松""补梅"。柳亚子款题："气候襟秋冬，灿然萃一室，古器与古钱，万象森成列。晶清、礼锡两先生教。亚子。"王礼锡亦题："染梅落纸双清泪，对客挥毫亚子诗，颜色斑斓照古道，香围绣幕夜沉时。锡"文因画而作，画与文相映生辉。这幅由何香凝、张光、贺天健、熊松泉、姚虞琴、马公愚、方介堪、马孟容八位画家合作，由柳亚子、王礼锡款题的《梅松菊图》，表现了中国人民抗日救亡的爱国热忱，成为文化界团结抗日的象征，现在收藏于廖仲恺何香凝纪念馆。此后，何香凝经常赠画题诗，以激励抗日将士。

1937年上海沦陷，何香凝迁居香港后仍利用一切机会宣传抗战，呼吁国际友人和海外华侨支援抗战。每收到华侨的一份捐款，何香凝就赠送自己的绘画一幅，以示答谢。

民国时期，何香凝的绘画创作绝大部分是为了捐款。特别是在20世纪20年代末、30年代末、40年代末，都是何香凝创作的高峰期，画作主要用于募捐。大革命失败后，何香凝辞掉了国民党的所兼各职、不领薪水，主要通过作画筹款去建设"仲恺农工学校"。1929年秋，她个人专门创作所积存的作品，加上向各名家画友征集到的画件，总计350余幅，带往东南亚卖画，筹得10万元寄回广州仲恺农工学校。1931年九一八事变后，她立即起程回国，尚未到达上海就向媒体发表谈话，不久何香凝发起"救济国难书画展览会"，为东北抗日救亡捐款。由于大量画家的支持和"中国人民高度的爱国热情"，12月28日开幕的展览会，展期延迟到次年的1月3日，取得了很大成功。此后几年她多次在上海、南京开展义卖画展活动。就这样，何香凝用手中的画笔为祖国、为人民、为抗敌将士讴歌，也为抗日救亡，为贫病妇孺、前线伤病员募款救护。

　　革命的浪潮洗礼了何香凝的画笔，也凝练了她的诗情。画笔作为何香凝特殊而心爱的革命武器，打击敌人、唤起民众和激励同志，使她的绘画创作显示出独特的时代意义和实用价值。何香凝把她对艺术质朴的酷爱、杰出的艺术天赋、才华和实现政治理想的抱负结合起来，火热的革命实践、抗日战争的烽火、中华民族的抗争和奋斗、前线将士的奉献和牺牲、中国人民的爱国情怀，都成为她创作的力量源泉。何香凝的作品中，总是充满着昂扬的斗争激情，"冰霜雪压心犹壮，战胜寒冬骨更坚"！

4
高松长青

何香凝的艺术活动是与我国人民的命运息息相关的。在抗日战争的困难岁月里，何香凝为救济伤兵和难民举办"义卖画展"，并靠绘画维持个人生计，所画多是表现重大历史题材，借以抒发自己的情怀和革命精神。何香凝的画注重写生，讲究意境，万千的思绪凝聚在笔端，主要特色在于借物抒情，主题鲜明，寓意深远。邓颖超高度评价何香凝的绘画，称赞她"是一位杰出的美术家，她的美术作品充满斗争激情，洋溢着浩然正气"。

1950年朝鲜战争爆发，美帝国主义把战火烧到了新中国的大门口，中国人民志愿军英勇奔赴朝鲜，保家卫国。1951年，当抗美援朝战争胜利捷报传来时，何香凝乘兴作了一幅《喜鹊报喜图》，请周恩来总理欣赏评价并且想让其在画上题词。周恩来从来不为别人的画上题字，这是唯一一次破例，为何香凝欣然题写了："鹊报援朝胜利，花贻抗美英雄"。"鹊"就是喜鹊，它一直被人们看成是报喜的吉祥鸟；"贻"，是"送"的意思。这副对联嵌上了"抗美援朝"四个字，配上何香凝的画，表达了对"抗美援朝"战争必胜的信念。

随着新中国建设的日新月异，何香凝在工作之余经常泼墨作画，笔耕不辍。何香凝说："在抗战期间，我绘画多是为了拿去义卖，救护伤兵，救护难民。如今，我看到祖国飞跃前进的景象，禁不住要画它几笔，在美妙的境界中，觉得心情格外舒畅！"①何香凝将到各地视察的观感凝结在笔端，努力作画，讴歌社会主义祖国百花齐放、江山多娇。

在 20 世纪五六十年代，何香凝出于对社会主义祖国壮丽河山的热爱，以惊人的毅力完成了不少巨幅山水画。她以雄伟的气势、多层次的构图来表现对祖国山河的赞美和讴歌。这时期，何香凝的画风一改旧时的悲愤，而是豪放开朗，过去很少画的牡丹、红枫经常在腕底出现，梅花更是坚挺有力。并且老而弥坚，有长者风骨，画技亦达炉火纯青、笔随神驰的境界。刘少奇、董必武、陈毅、沈钧儒、郭沫若等人都欣然命笔在何香凝画作上题词、补笔，留下了《祖国山河》《花寒不落墨常新》《高松立海隅》《冰雪暖于棉》《梅·竹》等知名画作。1961 年中国共产党成立四十周年前夕，何香凝精心绘出《高松图》一幅，题曰"万古长青"以贺党的生日。图画雍容绚丽，弥足珍贵，陈毅元帅亲笔题诗。诗中高度概括了何香凝的革命品格和艺术品格：

> 高松立海隅，梅菊为之护。
>
> 幽兰亦间出，清泉石中漱。
>
> 绿竹更悠悠，岁寒挺如故。
>
> 画树重高洁，画花喜独步。
>
> 大师撮其神，一纸皆留住。
>
> 绘画如其人，方向毫不误。
>
> 画高寿亦高，但祝两繁富。

董必武也题词称赞何香凝的山水"形神皆逼肖"，颂扬何香凝似她笔

---

① 载《人民日报》，1959 年 12 月 1 日。

下的梅花"劲挺疏枝最有神";沈钧儒以梅花比喻何香凝"不怕严寒,富战斗精神"。

这一时期,何香凝还曾和许多画家合作作画,与黄宾虹、傅抱石、潘天寿、陈半丁、于非暗、溥雪斋、吴镜汀、王雪涛、周元亮、贺天健等人,都合作过作画。有一幅百花盛开、和平鸽双双嬉戏在花丛中的《和平颂》。这一充满了和平气氛的名画,就是出自何香凝和齐白石等14位名画家的手笔,这幅画是送给世界和平大会的。通过合作作画,不但给后人留下了更多的好作品,而且团结了更多的画家。这其中有一位特殊的合作者,就是何香凝的儿子廖承志。廖承志从小受母亲何香凝影响,热爱绘画,尤其擅画人物。何香凝的山水画中的人物,多数都是廖承志的手笔,有古装的老翁,也有现代的农民、渔民。如《闻鸡起舞》中的舞剑者和《泊舟》中的两个老渔翁等,画得都十分生动而富于生活情趣。何香凝刚劲厚重又笔法自由的山水和花卉,配上儿子廖承志风格诙谐的简笔人物,常使画面产生意想不到的效果。

何香凝一直保持着旺盛的工作精力和艺术创作激情。她不仅忙于政务,而且在政务之余一直坚持作画。直到92岁高龄,何香凝还常常长时间作画,工作人员提醒她休息一下,但她从不嫌累,还说:"平生作画,最愉快的时候就是现在,怎么会累着我呢?!"

何香凝是在惊涛骇浪中不断创作的艺术家。何香凝的绘画记录着自己一生的变幻风云,也是她70年革命生涯和高尚品德、人格的生动写照。她的绘画生涯里,创作了千余幅作品,是中国美术艺术宝库中的珍品,给世人留下了一笔宝贵的精神财富。

参考文献

1. 何香凝:《何香凝画辑》,人民美术出版社 1978 年版。

2. 何香凝:《何香凝诗画集》,人民美术出版社 1982 年版。

3. 何香凝:《何香凝中国画选集》,广东人民出版社 1979 年版。

4. 何香凝:《回忆孙中山和廖仲恺》,生活·读书·新知三联书店 1978 年版。

5. 何香凝:《双清诗画集》,人民美术出版社 1982 年版。

6. 廖承志:《我的母亲和她的画》,《人民日报》1979 年 2 月 14 日。

7. 廖梦醒:《我的母亲何香凝》,人民出版社 1984 年版。

8. 李湄:《家国梦萦——母亲廖梦醒和她的时代》,人民文学出版社 2015 年版。

9. 李湄:《梦醒——母亲廖梦醒百年祭》,中国工人出版社 2004 年版。

10.《廖承志文集》,人民出版社 1990 年版。

11.《廖仲恺集》修订本,中华书局 1983 年版。

12. 孙中山:《我的回忆》,湖北人民出版社 2003 年版。

13.《孙中山选集》,人民出版社 1981 年版。

14.《毛泽东书信选集》,人民出版社 1983 年版。

15.《周恩来选集》,人民出版社 1980 年版。

16. 宋庆龄等:《回忆与怀念——纪念革命老人何香凝逝世十周年》,北京出版社 1982 年版。

17.《柳亚子选集》,人民出版社 1989 年版。

18.《双清诗画集》,香港时代图书有限公司 1982 年版。

19. 蔡瑞燕、刘斌:《宋庆龄与廖仲恺、何香凝一家》,中国社会科学出版社 2017 年版。

20. 蔡瑞燕:《何香凝思想研究》,团结出版社 2014 年版。

21. 邓广殷口述,郑培燕撰文:《永不飘逝的记忆——我家与宋庆龄事业的情缘》,东方出版中心 2013 年版。

22. 郭沫若:《何香凝画集》,郭沫若序,人民美术出版社 1954 年版。

23. 何香凝美术馆:《何香凝绘画选》,香港中国书局 1997 年版。

24. 胡兰畦:《胡兰畦回忆录》,四川人民出版社 1987 年版。

25. 姜义华:《国民党左派的旗帜——廖仲恺》,上海人民出版社 1985 年版。

26. 乐正维:《中国书画名家精品大典·何香凝》,浙江教育出版社 1998 年版。

27. 李松:《走进何香凝——何香凝与当代中国美术》,载《反思二十世纪中国文化与艺术》,领南美术出版社 2008 年版。

28. 柳亚子:《何香凝画集》,后叙·柳亚子叙,人民美术出版社 1954 年版。

29. 蒙光励:《廖家两代人》,暨南大学出版社 2001 年版。

30. 蒙光励著:《廖家两代人:廖仲恺、何香凝和廖梦醒、廖承志》(修订版),暨南大学出版社 2000 年版。

31. 尚明轩、余炎光编:《双清文集》,人民出版社 1985 年版。

32. 尚明轩：《何香凝传》（增订版），民族出版社 2004 年版。

33. 尚明轩：《廖仲恺》，团结出版社 2011 年。

34. 尚明轩：《廖仲恺传》，北京出版社 1998 年版。

35. 尚明轩主编：《孙中山全集》，人民出版社 2015 年版。

36. 尚明轩著：《何香凝传》，人民文学出版社 2012 年版。

37. 盛永华、彬子：《廖仲恺的故事》，河北少年儿童出版社 1995 年版。

38. 铁竹伟：《廖承志传》，人民出版社 2008 年版。

39. 铁竹伟：《廖仲恺传》，人民出版社 1998 年版。

40. 吴学文、王俊彦：《一门忠烈廖氏家族》，中共党史出版社 2004 年版。

41. 余德富：《双清传路：廖仲恺与何香凝爱国革命的一生》，广东人民出版社 1995 年版。

42. 云雪梅：《何香凝》，河北教育出版社 2004 年版。

43. 张彬编：《经亨颐教育论著选》，人民教育出版社 1993 年版。

44. 赵朴初：《观香凝老人画敬题》，《北京日报》1979 年 2 月 18 日。

45. 中国新闻社编：《廖公在人间》，生活·读书·新知三联书店 1984 年版。

46. 中华全国妇女联合会：《邓颖超革命活动七十年大事记》，中国妇女出版社 1990 年版。

47. 仲恺农业工程学院、中山市社会科学界联合会、惠州市社会科学界联合会编：《孙中山、廖仲恺与近代中国》，香港出版社 2015 年版。

48. 朱星鹤：《党军师褓——廖仲恺传》，（台北）近代中国当版社 1983 年版。

49. 朱学范：《我与民革四十年》，团结出版社 1990 年版。

后　记

从大学本科学习算起，我从事历史专业的学习工作已经近17年的时间，一直没有离开历史学专业。在此过程中，深感历史包罗万象、千头万绪，要想学好历史，不下功夫不行。但现实所限，难以静心向学，深究其理，以至知其浅而不知其深，徘徊于门径之上。

这本《何香凝的故事》是我应中国华侨出版社的邀约，所写的一本历史人物读本，主要介绍何香凝先生的生平故事。本书写作定位是广大社会读者。作为重要的历史人物，既要保证史实的准确，又要具有可读性。我在写作中充分吸收了前人的研究成果，又参考了学术界代表性的最新成果；在写作语言上，努力避免干枯的说教，尽可能增强可读性。

本书的完成，首先要感谢中国华侨出版社郭岭松总编辑的约请、帮助和鼓励，王委编辑为出版付出了很多心血。在撰写过程中，李萍女士通读全部稿件，并修正了不少错漏之处。在此一并对以上师友表示衷心感谢！

本书虽尽可能地吸收了学界的已有成果，但仍然存在诸多错误或不足，敬请读者批评指正。